リアルな会社の数字が見えてくる、

決算書・
経営分析

ぱる出版

はじめに──決算書を使った良い会社の見分け方

　ここに2人の転職した社会人（20代後半）がいます。

森川さんは、登録した転職エージェントの担当者から「会社の実態を知るには決算書（損益計算書・貸借対照表など）を使って経営分析をするといいですよ」というアドバイスをもらい、候補先の会社を分析しました。

そして収益性・成長性が高い小売業A社に3年前、転職しました。

ところが、A社は過去の過剰投資が裏目に出て、森川さんが入社した直後から業績が急降下し始めました。いまでは会社の存続が危ぶまれる状況で、森川さんは次の転職先を探しています。

山之内さんは、さほど転職する気はありませんでしたが、知り合いのITベンチャー企業B社の経営者から熱心に勧誘されました。

迷った末、その経営者の熱意とB社との相性の良さを感じ、2年前B社に転職しました。

その後もB社は順調に成長を続け、山之内さんは社長から責任のある仕事を任せられ、充実した毎日です。年収も前職から数百万円増え、「思い切って転職して良かった」と振り返っています。

さて、対照的なこの２人を見て皆さんはどう思いましたか。

　森川さんのような失敗を見ると、決算書やそれを使った経営分析に不信感が湧いてくるかもしれません。
　「決算書はしょせん過去の数字。数字に表れないことや未来のことはわからない」

　また、山之内さんのような成功を見ると、決算書よりももっと大切なことがあるという気がしてきます。
　「就職・転職は、結婚と同じ。一緒になって初めて実態がわかる。決算書の数字よりも相性や直感を重視するべきだ」

　この「決算書の数字よりも相性や直感を重視するべき」という意見に「なるほど、その通り！」と思ったなら、立ち読みはここまで。ここから先をお読みいただくには及びません。

　しかし、「決算書」「経営分析」という一見難解なテーマの本著を手に取るに至った、勉強熱心な読者の皆さんの中には、次のような感想を持った方もいるのではないでしょうか。

　まず、森川さんの経営分析が甘かったのではないか、という疑問です。
　「過去の過剰投資が原因でＡ社の業績が悪化したのなら、それは決算書に表れていたのではないか」

実は、森川さんは、Ａ社が過去継続して利益が出ていることから「収益性が高い」、売上高が増えていることから「成長性が高い」と判断し、それ以上の深い分析はしていませんでした。

　また、山之内さんの生きる姿勢についても、違和感を覚えます。

　「熱意とか相性って感覚的なものだし、いつまでも続くとは限らない。そのときの感覚で人生を決めるのは、運を天に任せる感じでちょっと共感できない」

　こうした感想を持った方は、是非とも本書を最後までお読みください。

　本書は、決算書の読み方とそれを使った経営分析の基本技法をお伝えする実務書です。
　決算書とは会社が作成する計算書類で、損益計算書・貸借対照表・キャッシュフロー計算書などです。財務諸表とも呼ばれます。

　決算書は、会社の活動成果を数字で表しています。決算書を分析することによって、その会社が良い状態なのか、悪い状態なのかを把握することができます。

もちろん先ほどの指摘の通り、決算書はあくまで過去の数字です。経営者の能力のような数字に表れないことや未来のことまではわかりません。

　ただ、決算書よりも会社の状態がよくわかる情報が存在するでしょうか。

　会社はホームページ、プレスリリース、SNS、会社説明会などを通してさまざまな情報を社外に発信しています。また、証券アナリスト、取引銀行、信用調査機関といった外部の専門家が会社に関する分析を発信しています。SNSやネット掲示板では、会社に関する膨大な書き込みがあります。

　このように、会社に関する情報は実に豊富です。しかし、会社の状態を把握する上で、決算書よりも役に立つ情報は存在しません。

　人生には、どの会社に就職・転職するか、どの会社と取引（たとえば営業・仕入れ・借入）するか、どの会社に勤める人と結婚するか、といった重要な意思決定があります。

　感覚やそのときの気分で運を天に任せるのではなく、自分なりに会社を分析し、納得して意思決定をしたいという人にとって、決算書は外すことはできない、最高の情報なのです。

本書が想定している読者は、以下の通りです。

●良い会社に就職したいと考える学生、社会人
●良い会社に転職したいと考えるビジネスパーソン
●自分の勤務先が良い会社かどうか知りたいビジネスパーソン
●取引先（顧客・金融機関・サプライヤー・協業先など）や競合他社が良い会社かどうか知りたいビジネスパーソン
●良い会社に勤めている人と知り合いたい、お付き合いしたい、結婚したいと考えている人

　本書では、こうした読者にとって重要なことを丁寧に解説する一方、重要でないことは思い切って割愛します。

　たとえば、キャッシュフロー計算書について、類書では「キャッシュフロー計算書の作成方法には間接法と直接法があり、それぞれこういう作り方をします……」と延々と説明しています。しかし、私たちが目にするキャッシュフロー計算書の9割以上は間接法ですし、経理部門で仕事をする人以外にとって作り方はさほど重要ではありません。本書では、間接法だけを解説します。

　ここで、「良い会社とはいったい何だろう？」という疑問が湧いてきます。本書では以下のような構成でこの疑問にお

答えし、良い会社の見極め方をお伝えします。

第1章では、会社がどのように活動し、活動をどのように記録・集計し、決算書を作成するのかを説明します。決算書の概要を理解していただけます。

第2章から第4章では主要な決算書について少し詳しく紹介します。

第2章は、損益計算書です。損益計算書はある一定期間の収益と費用、その差である利益を一覧表示する計算書類で、会社の収益性がわかります。

第3章は、貸借対照表です。貸借対照表はある一時点で会社が保有している財産を一覧表示する計算書類で、会社の安全性がわかります。

第4章は、キャッシュフロー計算書です。キャッシュフロー計算書は、ある期間の現金（キャッシュ）の増減がどのような企業活動によって起こったかを説明する計算書類で、会社の資金と活動の状況がわかります。

すでに決算書について知識のある方や第1章を読んで「概要がわかったから十分」という方は、第2～4章を飛ばし読みしていただいても構いません。

第5章から第8章は、決算書を使った経営分析の方法を解

説します。

　第5章は、収益性と安全性の分析です。簡単に言うと、収益性とは儲かっているかどうか、安全性とは倒産しにくいかどうか、ということです。収益性・安全性を計測する経営指標を紹介し、収益性と安全性の関係についても検討します。

　第6章は、成長性の分析です。成長性とは売上高や利益が伸びているかどうか、ということです。成長性を計測する経営指標と大きなトレンドを摑むための趨勢分析の進め方を紹介します。

　第7章は、効率性と生産性の分析です。効率性はヒト・モノ・カネという経営資源が無駄なく活用されているかどうか、生産性は経営資源を使っていかにたくさん売上高・利益を獲得できているか、を意味します。効率性・生産性の経営指標についても紹介します。

　第8章は、本書のおわりに、良い会社とは何なのかという疑問に答え、良い会社・悪い会社を見分けるポイントや分析の注意点を検討します。

　なお本書では、決算書・経営分析の概要と本質をシンプルかつ深く理解していただくために、個人が起業し、事業を展開する例を使って紹介します。

事業のプロセスがどう進み、それをどう記録して決算書を作るのか、決算書がどういうもので、どのように分析するのか、皆さんが起業家になったつもりで読んでください。

　現代社会は、会社（企業）を中心に動いています。

　良い会社で働けば、ビジネスライフが充実します。良い会社に投資すれば、豊かになれます。良い会社に勤務する人と結婚すれば、幸福になれます（正確には、いずれも「確率が高まる」です）。悪い会社だとその逆が起こります。
　そして、良い会社と悪い会社を見分ける最も有効な方法が決算書を使った経営分析です。

　本書によって読者の皆さんが決算書の見方と経営分析のやり方を身に付け、素晴らしい人生を送ることを期待します。

　2021 年 6 月

日沖健

目次

【本著の登場人物】

 ‥‥‥ **加藤 菊菜** さん

ワイン好きが高じ、脱サラして「ワインショップ・キクナ」を開業。経理はあまり詳しくない。

 ‥‥‥ **友井 学** さん

加藤さんが勤めていた商社の先輩。その道一筋32 年のベテラン経理マン。

第 1 章
企業活動 〈きぎょうかつどう〉
と決算書 〈けっさんしょ〉

1. 事業のプロセスと決算書

　加藤菊菜さんは、大のワイン好きです。ワインを愛する人たちに本当に美味しいワインを手軽に楽しんでもらおうと、ワインショップを起業することを決意しました。学校を卒業してから勤務していた商社を2月に退職しました。

　最初はインポーター（輸入仕入業者）から仕入れたワインをレストランなどに販売する営業形態で、軌道に乗ったら店頭での販売やネット販売で、個人にも顧客を広げたいと考えています。

　4月1日、「ワインショップ・キクナ」という会社を設立しました。同じ日、銀行口座を開設し、貯めた100万円を元手として振り込みました。

　加藤さんは几帳面な性格で、大事なことは手帳などに記録しないと気が済みません。4月1日の出来事を次のように記録しました。

　銀行口座に100万円預金 ／ 貯金から元手100万円を出す

　この記録を元勤務先の商社の経理部にいる友井学さんにメールで送りました。

　友井さんは経理部門一筋32年、加藤さんの父親よりも年上の大ベテランで、加藤さんは会社では友井さんと懇意にし

ていました。退職前に友井さんから「経理関係のことで困ったことがあったら、何でも気軽に相談して」と言われていました。

　メールにすぐ返信があり、「菊菜さん、それは貸借対照表（たいしゃくたいしょうひょう）ですよ！」と言われました。そして、「ちゃんと書くと、こうなります」というメモが添付されていました。

貸借対照表
2021 年 4 月 1 日現在

（単位：円）

科目	金額	科目	金額
（資産の部） 現金および預金	1,000,000	（純資産の部） 資本金	1,000,000
資産計	1,000,000	負債・純資産合計	1,000,000

　あっという間にシンプルな貸借対照表ができました。会社が保有するプラスの財産のことを資産（しさん）と呼びます。会社の元手となる出資金のことを資本金（しほんきん）と言います（P76）。なお、純資産と負債は後ほど説明します。

2. 取引を2面で捉える

　会社の活動は、原因と結果という2面で捉えることができます。ワインショップ・キクナの4月1日の活動は、「資本金100万円を加藤さんから調達したことで（原因）、預金が100万円増えた（結果）」となります。

　また、会社の活動は、資金の調達と運用という2面で捉えることができます。左側に運用を、右側に調達を記録すると、貸借対照表ができ上がるのです。

　資金の運用を左側に、資金の調達を右側に記録する会計の手続きを仕訳と言います。左側を「**借方**」、右側を「**貸方**」と呼びます。

（借方）　　　　　　　　　　　　（貸方）

現金および預金　1,000,000　/　資本金　1,000,000

　貸借対照表のことを英語でバランスシート（Balance Sheet、B/S）と言います。調達と運用は金額的に一致し、左右がバランスするのでこういう名前が付いています。1つの活動を原因・結果に分解して記録しただけなので、貸借対照表の左右の金額は必ず一致します。

3．負債と資本で資金を調達する

　加藤さんは、100 万円だけでは心もとないので、銀行から借り入れをすることにしました。早速、翌日銀行に 100 万円、10 年返済の借り入れを申し込みました。 4 月 10 日、銀行から 100 万円が口座に入金されました。

　加藤さんは、友井さんに教えてもらって、次のように仕訳をしました。

（借方）　　　　　　　　　　　（貸方）

　現金および預金　1,000,000　／　借入金　1,000,000

　その結果、ワインショップ・キクナの貸借対照表は次のように変化しました。

貸借対照表
2021 年 4 月 10 日現在

（単位：円）

科目	金額	科目	金額
（資産の部） 現金および預金	2,000,000	（負債の部） 借入金 （純資産の部） 資本金	1,000,000 1,000,000
資産計	2,000,000	負債・純資産合計	2,000,000

ここで**負債**とは、返済の義務のある資金調達です。

会社の活動には資金が必要で、純資産または負債で調達します。**純資産**（自己資本という呼び方の方が一般的です）は株主からの調達で、出資者である株主に返済する義務はありません。それに対し負債は、一定の期限内に資金の提供者（債権者と言います）に返済しなければいけません。

貸借対照表の基本等式は次の通りです。

資産 ＝ 負債 ＋ 資本（純資産）

ところで、加藤さんは会社の活動を記録していますが、4月2日に銀行に借り入れを申し込み、契約をしたという活動は記録せず、4月10日に銀行口座に100万円が振り込まれたという事実だけを記録しました。

会社の活動のうち、資産・負債・資本の金額に変動を与える要因のことを**取引**と言います。会計では、会社の活動すべてを記録するわけではなく、取引だけを記録するのです。借入申込みや契約は、資産・負債・資本の金額に変動を与えていないので取引ではなく、記録しません。

なお、取引を仕訳する会計手続きのことを**簿記**と呼びます。帳簿（book）に記録（keeping）するので簿記（book-keeping）です。

4. 貸借対照表の標準形

　4月15日、加藤さんは、自宅近くの駅前にある5坪の店舗を借りました。この店舗はいわゆる居抜き物件で、少し前まで別の小売店舗があったので、店舗と設備一式をまとめて借ります。賃借料は月5万円という条件です。

　賃借契約をし、大家さんに敷金として20万円を支払いました。

（借方）　　　　　　　　　　（貸方）

差入保証金　200,000　/　現金および預金　200,000

　敷金は、「敷金」あるいは「差入保証金」という科目を使います。持っている預金で必要資金を調達したと考え、現金および預金を貸方に記録します。

　貸借対照表を作るにあたって、友井さんから「差入保証金は契約を解除したら戻ってくるから、財産なので資産にしてね。ただ、現金および預金と差入保証金では時間軸が違うから、現金および預金は流動資産、差入保証金は固定資産と分けて記録するといいよ」とアドバイスされました。

　資産のうち、1年以内に現金化できるものを**流動資産**と言います。**固定資産**は、1年を超えて使用・保有する資産です。

貸借対照表
2021 年 4 月 15 日現在

(単位：円)

科目	金額	科目	金額
（資産の部）		（負債の部）	
流動資産		固定負債	
現金および預金	1,800,000	長期借入金	1,000,000
固定資産		（純資産の部）	
差入保証金	200,000	資本金	1,000,000
資産計	2,000,000	負債・純資産合計	2,000,000

　負債の場合も、流動・固定の区分けは同じです。負債のうち、1 年以内に返済するものを**流動負債**、1 年超かけて返済するものを**固定負債**と呼びます。ワインショップ・キクナの借入金は 10 年返済なので、長期借入金とし、固定負債に分類しました。

　この 4 月 15 日の貸借対照表が、標準的な形です。第 3 章でより細かい内容を紹介しますが、基本的な考え方は、ワインショップ・キクナのような零細企業でも、トヨタのような巨大企業でもまったく変わりません。

5．仕入れ・販売、費用支払いが発生

　4月20日、加藤さんは、仕入れ業者からワインを40本仕入れて、代金10万円を支払いました。

○商品の仕入れ

（借方）　　　　　　　（貸方）

商品　100,000　/　現金および預金　100,000

　そして同じ日、予約を受けていたイベント業者に納入し、販売代金16万円を受け取りました。ビジネスでは、掛け（＝後日の決済）で仕入れて、掛けで売ることが多いですし、店舗で販売すると商品が売れ残ったりしますが、今回は商品在庫を持たない現金取引です。

○商品の引き渡し

（借方）　　　　　　　　（貸方）

売上原価　100,000　/　商品　100,000

○販売

（借方）　　　　　　　　　　（貸方）

現金および預金　160,000　/　売上　160,000

商品の引き渡しについて商品を貸方に記入し、借方には友井さんから聞いた売上原価という科目を使いました。**売上原価**とは、売上を生み出すために直接かかった費用のことです。

　さらにこの日、4月分の店舗賃借料 50,000 円を大家さんに支払いました。

　〇賃貸料の支払い

　（借方）　　　　　　　　（貸方）

　賃貸料　50,000　／　現金および預金　50,000

6．収益・費用を別管理する

　加藤さんは、4月20日の取引をこれまでと同じように借方と貸方で整理しました。

（単位：円）

科目	金額	科目	金額
現金および預金	1,810,000		
差入保証金	200,000		
		長期借入金	1,000,000
		資本金	1,000,000
		売上	160,000
売上原価	100,000		
賃借料	50,000		
借方計	2,160,000	貸方計	2,160,000

　整理してみて、加藤さんは「これって貸借対照表と言えるんだろうか？」という疑問が湧きました。

　売上は販売先の結婚式場業者から受け取ったもので、販売先に返済する義務はありません。貸方に記入しましたが、負債とは言えないのではないでしょうか。

　友井さんに訊ねたところ、「ああ、これは貸借対照表じゃなくて、試算表って言うんだよ。まあ、経理部門で仕事にする人以外は、試算表を覚える必要はないんだけど」ということでした。

　そして、友井さんは「売上原価と賃借料は費用で、売上は

収益。収益と費用は、貸借対照表とは別に**損益計算書**（Profit and Loss statement、P/L）で管理する必要があるんだよ」と教えてくれました。

収益とは、第三者から受け取る収入です。**費用**とは、利益を生み出すための活動に消費される金銭です。そして、収益と費用の差額が**利益**です。

損益計算書の等式は以下の通りです。

収益 − 費用 ＝ 利益

4 月 20 日の取引では、収益は売上 16 万円、費用は売上原価 10 万円と賃借料 5 万円で合計 15 万円、利益は 1 万円です。

収益 16 万円−費用 15 万円＝利益 1 万円

そして、利益は会社が獲得した成果なので、会社の所有者・株主の持ち分である純資産の部に入れます。

7．損益計算書ができ上がる

　加藤さんは、4月20日の試算表を、収益・費用を損益計算書、資産・負債・純資産を貸借対照表に分解しました。

貸借対照表
2021年4月20日現在

（単位：円）

科目	金額	科目	金額
（資産の部）		（負債の部）	
流動資産		固定負債	
現金および預金	1,810,000	長期借入金	1,000,000
固定資産		（純資産の部）	
差入保証金	200,000	資本金	1,000,000
		当期純利益	10,000
資産計	2,010,000	負債・純資産合計	2,010,000

損益計算書
2021年4月1日〜20日

（単位：円）

科目	金額	科目	金額
売上原価	100,000	売上高	160,000
賃借料	50,000		
当期純利益	10,000		
費用・利益計	160,000	収入計	160,000

　2つ目の表が損益計算書です。収益と費用の差額（＝資産と負債・純資産の差額）を当期純利益とし、左右をバランスさせています。

貸借対照表はある一時点の資産・負債・資本（純資産）の残高であるのに対し、損益計算書はある一定期間の収益・費用の合計になります。前頁の例で、貸借対照表は「4月20日現在」という一時点のもの、損益計算書は「4月1日〜4月20日」という一定期間のものです。

　細かいことですが、簿記の「売上」を損益計算書では「売上高」と表記します。また、このあと説明する通り、利益にはさまざまな種類がありますが、ここでは最終的に残った利益ということで**当期純利益**としています。

　一般に損益計算書は、前頁の例のように左右をバランスさせる表示ではなく、売上高を一番上に、当期純利益を一番下にして、次のように表示します。

<u>損益計算書</u>
2021 年 4 月 1 日〜20 日

（単位：円）

科目	金額
売上高	160,000
売上原価	100,000
売上総利益	<u>60,000</u>
販売費および一般管理費	50,000
営業利益	<u>10,000</u>
当期純利益	<u>10,000</u>

　この表示では、賃借料を**販売費および一般管理費**とまとめています。また、利益を細分化し、売上高と売上原価の差額を**売上総利益**、売上総利益と販売費および一般管理費の差額を**営業利益**としています。

8. 開業1か月の決算書

　ワインショップ・キクナは、4月30日に銀行借入金に対する今月分の利息を支払いました。利率は年6％で、今月分の利息は5,000円でした。

　借入金1,000,000円 × 年6％ ÷ 12か月 ＝ 5,000円

　○借入金利息の支払い
　（借方）　　　　　　　（貸方）
　支払利息　5,000　/　現金および預金　5,000

　さらに同日、ワイン40本を9万円で仕入れて、イタリアン・レストランに14万円で販売し、代金を受け取りました。

　○商品の仕入れ
　（借方）　　　　　　　（貸方）
　商品　90,000　/　現金および預金　90,000

　○商品の引き渡し
　（借方）　　　　　　　　（貸方）
　売上原価　90,000　/　商品　90,000

○販売

（借方）　　　　　　　　　　（貸方）

現金および預金　140,000　/　売上　140,000

　加藤さんは、4月30日の仕訳から、貸借対照表と損益計算書を作成しました（右図参照）。

　4月30日の支払利息は、ワインの仕入・販売というワインショップ・キクナの営業活動からは少し外れるので、**営業外費用**としています。営業利益から営業外費用を差し引いたのが**経常利益**です。逆に（今回はありませんが）利息や配当金を受け取ったら、**営業外収益**として加えます。

　これで4月は終わりなので、この損益計算書は「4月の決算」ということになります。**決算**とは、一定期間の利益または損失を確定する手続きです。

　会社は、1か月、四半期、半年、1年といった期間ごとに決算を行います。この期間のことを**会計期間**と言います。単に「会計期間」というときには、1年を指します。

貸借対照表
2021 年 4 月 30 日現在

（単位：円）

科目	金額	科目	金額
（資産の部）		（負債の部）	
流動資産		固定負債	
現金および預金	1,855,000	長期借入金	1,000,000
固定資産		（純資産の部）	
差入保証金	200,000	資本金	1,000,000
		当期純利益	55,000
資産計	2,055,000	負債・純資産合計	2,055,000

損益計算書
2021 年 4 月 1 日〜 30 日

（単位：円）

科目	金額
売上高	300,000
売上原価	190,000
売上総利益	110,000
販売費および一般管理費	50,000
営業利益	60,000
営業外収益	0
営業外費用	5,000
経常利益	55,000
当期純利益	55,000

9. キャッシュフロー計算書

　加藤さんは、でき上がった損益計算書・貸借対照表を友井さんに送りました。ZOOM で連絡すると、友井さんは褒めてくれました。

😊 「正確にできてるよ。会計の知識がゼロだった菊菜さんがよくやったね！」

　そして、追加でアドバイスがありました。

😊 「菊菜さんは EXCEL で会計処理をしているみたいだけど、これから取引が増えてくると不便だから、会計ソフトを使うか、会計事務所に業務委託したらどうだい？」

　そこで加藤さんは、市販の会計ソフトを買って、さっそく4月分を入力しました。

　すると、損益計算書・貸借対照表とともに、P33 のキャッシュフロー計算書が自動的に作成されました。

　キャッシュフロー計算書は、一定期間のキャッシュ（現金および現金同等物）の増減を営業活動・投資活動・財務活動という3つの区分で説明する計算書類です。

　ここで言うキャッシュには、いわゆる現金だけでなく普通預金などを含みます。

　ワインショップ・キクナの場合、4月1日の事業開始時点

のキャッシュはゼロで（V）、4月の1か月間で185万5,000
円増えて（IV）、4月30日には185万5,000円になりまし
た（VI）。4月30日のキャッシュ残高は、P31の貸借対照
表の現金および預金と一致します。

　1か月間でキャッシュが185万5,000円増えた要因は、
営業活動で5万5千円増加（I）、投資活動で20万円減少
（II）、財務活動で200万円増加（III）です。

　キャッシュフロー計算書は、損益計算書・貸借対照表に続
く第3の決算書という位置付けです。損益計算書と貸借対照
表のデータから作られますが、作り方はさほど重要ではない
ので、見方さえ理解していただければ結構です（第4章で紹
介します）。

キャッシュフロー計算書
2021年4月1日～2021年4月30日

（単位：円）

I. 営業活動によるキャッシュフロー	
当期純利益	55,000
＜営業活動によるキャッシュフロー＞	55,000
II. 投資活動によるキャッシュフロー	
投資による支出	▲200,000
＜投資活動によるキャッシュフロー＞	▲200,000
III. 財務活動によるキャッシュフロー	
株式の発行による収入	1,000,000
長期借入れによる収入	1,000,000
＜財務活動によるキャッシュフロー＞	2,000,000
IV. 現金および現金同等物の増減額	1,855,000
V. 現金および現金同等物の期首残	0
VI. 現金および現金同等物の期末残	1,855,000

10. 財務3表

　こうしてワインショップ・キクナの4月の決算書
（**財務諸表**という言い方もします）ができ上がりました。以
下の3点です。

●**損益計算書**：一定期間の収益と費用、その差額の利益
　を表します。

●**貸借対照表**：一時点の資産・負債・資本（純資産）と
　いう財政状態を表します。

●**キャッシュフロー計算書**：一定期間のキャッシュの増
　減を営業活動・投資活動・財務活動という3つの区分
　で説明します。

　この3つは、「**財務3表**」と呼ばれることもあります。決
算書にはこの他に株主資本変動計算書がありますが、本書で
は割愛します。

　決算書はその会計期間のすべての取引を記録し、集計した
ものなので、決算書を分析すれば、会社の経営状況を確認す
ることができます。

加藤さんは、決算書を見て、起業からの1か月を振り返ったところ、いくつかの反省点が浮かび上がってきました。

　「以前から知り合いだったイベント業者とレストランに売っただけで、顧客が広がっていない。もっと広告宣伝をしっかりやらなきゃ」

　「商品在庫を持たずに仕入れた商品を転売するいまのやり方では利幅が薄い。在庫を持って個人の来店客にも売れば、もっと売上高が増え、利幅も大きくなりそうだ」

　そして、「決算書をもっと深く知れば、事業のいろんなヒントが得られそうだ。単に取引を処理するだけでなく、もっとしっかり決算書について勉強してみよう」と考えました。

　そこで、友井さんに頼んで、決算書の見方と決算書を使った経営分析についてしっかり教えてもらうことにしました。

第1章のポイント

✓ 会社の取引を調達と運用、あるいは原因と結果という2面で捉えて記録する手続きを仕訳と言います。取引の仕訳を集計し、そこから決算書を作ります。

✓ 決算書（財務諸表）は、損益計算書・貸借対照表・キャッシュフロー計算書などです。

✓ 損益計算書はある一定期間の収入と費用、その差である利益を一覧表示する計算書類です。

✓ 貸借対照表はある一時点で会社が保有している資産・負債・純資産という財産を一覧表示する計算書類です。

✓ キャッシュフロー計算書は、一定期間のキャッシュ（現金および現金同等物）の増減を営業活動・投資活動・財務活動という3つの区分で説明する計算書類です。

✓ 決算書を分析すれば会社の経営状況を確認することができます。

第2章
損益計算書
〈そんえきけいさんしょ〉
の仕組みと見方

1. 財務3表のどれが最も大切か？

　ワインショップを開業した加藤菊菜さんは、ベテラン経理マンの友井学さんから決算書と経営分析について、週1ペースで7回にわたって教えてもらうことにしました。ZOOMを使ったミーティングです。

　「まずは、基本となる決算書の解説から始めようか。損益計算書・貸借対照表・キャッシュフロー計算書の3つが代表的な決算書だよ」

　「はい。どれから教えてもらえるんですか？」

　「じゃあ、逆に質問」

損益計算書・貸借対照表・キャッシュフロー計算書の3つで、どれが最も大切だと思いますか？

　「うーん、どれでしょうね。キャッシュ・イズ・キング（Cash is king. 現金は王様）って聞いたことがあるから、キャッシュフロー計算書ですか」

　「正解はなくて、ケースバイケースというところだね」

会社が事業を展開するには、投資や費用を賄うための資金が必要です。まずはお金ということで、とくに資金繰りが厳しい会社は、キャッシュフロー計算書に注目します。

　会社は利益を上げることを目的に活動します。会社の所有者である株主だけでなく、従業員・政府など多くの関係者が利益の恩恵を受けます。会社の目的という点から考えると、損益計算書が最も大切ということになります。

　ただ、キャッシュフロー計算書や損益計算書は、その期間だけの話で、調整したり、粉飾することができます。会社の実力を長期的・総合的に見るには、創業してから現在までの蓄積である貸借対照表が最も役に立ちます。

　見る人の立場や目的によって大切だと思うこと違ってくるので、ケースバイケースとなります。

　「３つの中で最も理解して欲しいのは貸借対照表だよ。貸借対照表を読めるようになって、初めて決算書が理解できたと言えるんだ」

　「では、貸借対照表からレクチャーお願いします」

　「と思ったんだけど、まずはイメージを摑みやすいところで、今日は損益計算書から」

　「そう来ますか（笑）」

2. 損益計算書の概要

　友井さんは、下の損益計算書を加藤さんに見せました。加藤さんの会社と同じワインショップ、「ラテール」です。

　ラテールはフランス語で「大地」という意味です。関東に6店舗を展開しており、卸売やネット販売も手掛けています。加藤さんはラテールのファンで、ワインショップ・キクナの事業を進める上で品揃えや店づくりなど参考にし、目標にしています。

損益計算書
2020年4月1日〜2021年3月31日

（単位：百万円）

科目	金額
売上高	900
売上原価	550
売上総利益	350
販売費および一般管理費	250
営業利益	100
営業外収益	40
営業外費用	70
経常利益	70
特別利益	10
特別損失	10
税引等調整前等当期利益	70
法人税等	▲30
当期純利益	40

損益計算書は、一定期間の収益と費用、その差額である利益を表示する計算書類です。

　ラテールの場合、一定期間は「2020年4月1日〜2021年3月31日」の1年です。**会計年度**という言い方をします。そして「決算期は3月」とか「3月末決算」と言います。

　何月に決算をしても構いませんが、日本では年度決算は「3月末」が最多です。ちなみにアメリカは原則として「12月末」です。

　本業によって得られた収益である売上高を最上部に配置します。なので、売上高のことをよくトップライン（top line）と呼びます。そして、費用を本業との関連が深い順に区分けして並べて、上から5種類の利益を表示します。

●**売上総利益**：売上高から売上原価を差し引いた金額。粗利益とも呼ばれます。売上原価は、売上高を生み出すために直接かかった費用です。たとえばワインを仕入れて販売したら、ワインの仕入価格が売上原価です。

●**営業利益**：売上総利益から販売費および一般管理費を差し引いた金額。販売費および一般管理費は、本業のために使った費用のうち、売上原価に入らなかったものです。給料・広告宣伝費・賃借料・水光熱費などがあります。

●経常利益：営業利益に営業外収益を加え、営業外費用を差し引いた金額。営業外収益は、本業以外の活動で経常的に発生する収益で、たとえば受取利息や受取配当金があります。営業外費用は、本業以外の活動で経常的に発生する費用で、支払利息が代表的です。

●税金等調整前当期純利益：経常利益に特別利益を加え、特別損失を差し引いた金額。税引前当期利益とも呼ばれます。特別利益は、本業とは無関係に臨時的に発生した利益で、たとえば固定資産の売却益があります。特別損失は、本業とは無関係に臨時的に発生した損失で、固定資産の売却損や災害による損失などが該当します。

●当期純利益：税金等調整前当期純利益から法人税等を差し引いた金額です。会社の最終的な利益なので、よくボトムライン（bottom line）と呼びます。

なお、決算書の表示に関する国際的な取り決めである国際会計基準（International Financial Reporting Standards, IFRS）では、当期純利益のさらに下に包括利益という利益が出てきます。ただ、上場会社の経理部門の社員や海外でビジネスをする人以外は、覚える必要はありません。

逆に、経常利益は日本に独特の利益の概念で、海外の会社・国際会計基準では使われません。

🧑 　「細かいところはともかく、構造はそんなに難しくありませんね」

🧑 　「損益計算書を見て『何のことだかサッパリわからん』ということはないだろうね。問題は、その細かいところ。いまから４点お話ししよう」

●収益の認識
●在庫の評価
●製造原価
●法人税等

（「概要がわかれば十分」という読者は、以下を飛ばして第３章に進んでください）

3. 収益の認識

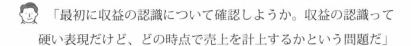 「最初に収益の認識について確認しようか。収益の認識って硬い表現だけど、どの時点で売上を計上するかという問題だ」

「商品を売ったら売上を計上するってことではダメなんですか？」

「その"売った"をどう捉えるかが、なかなか難しいんだ。ここでクイズ」

ある機械メーカーが顧客から注文を受けて機械を製造し、販売しました。次の①から⑦のどの時点で売上を計上するべきでしょうか。

① 5月1日　顧客から注文を受けた。

② 5月10日 機械が完成した。

③ 5月12日 機械を顧客に向けて出荷した。

④ 5月14日 機械が顧客に届き、引き渡した。

⑤ 5月15日 顧客が機械を検収（商品を確認し、受け取ること）した。

⑥ 5月20日 顧客に請求書を発送した。

⑦ 6月30日 顧客から売上代金が銀行口座に入金された。

 「たしかに、迷いますね。ええと、⑤の検収ですか」

「当たり。ただ、⑤だけでなく、②も③も④も正解なんだけど」

収益の認識には、大きく3つの考え方があります。

●**現金主義**：現金や預金の入出金の事実があって取引とします（前の例では⑦）。
●**発生主義**：金銭のやり取りの有無に関係なく、取引が発生した時点で収益を計上します（前の例では①）。
●**実現主義**：収益が実現した時点で計上します。

企業会計原則という会計のルールでは、実現主義で収益を認識することになっています。

ただし、収益がいつ「実現」したかという点については、工事進行基準（上の例では②）、出荷基準（③）・引渡基準（④）・検収基準（⑤）があり、事業活動の実態に合っていればどれも大丈夫です。

つまり、クイズの答えは、②③④⑤のいずれでもOKということになります。

なお、費用については、発生主義で認識します。たとえば、広告のチラシの印刷を印刷業者に頼んだら、まだ納品されなくても発注した時点で広告宣伝費を計上します。

収益は実現主義で、費用は発生主義で認識するということになります。

4．在庫の評価

😊 「次に、在庫の評価。菊菜さんは商品在庫を持たない営業
　形態だからまだ問題ないけど、商品在庫を持って販売するよう
　になったら、大きな問題になってくる」

😊 「何が問題になるんですか?」

😊 「在庫の評価によって、売上原価の金額が違ってくるんだ」

😊 「てことは利益の金額も違ってきますね」

　在庫を持って販売する場合、ある期間の売上原価は次の式
で計算できます。

売上原価 ＝ 期首棚卸高 ＋ 期中仕入高 － 期末棚卸高

　ここで棚卸高というのは商品や原材料など在庫（正式には
棚卸資産と呼びます）の評価額で、評価の仕方によって売上
原価、引いては利益が違ってきます。
　問題は、前の期から繰り越された期首棚卸とその期に仕入
れた期中仕入のうち、どれが払い出されて、期末に残ってい
るか、という点です。

😊 「ここで例を使って考えてみよう」

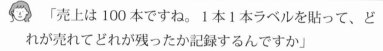

ワインを1種類だけ仕入れて販売するとします。以下の取引があった場合、5月の売上原価はいくらでしょうか。

5月1日	前期繰越	50本	単価1,000円
5月10日	仕入れ	30本	単価1,200円
5月15日	売上	60本	
5月20日	仕入れ	50本	単価1,400円
5月25日	売上	40本	

 「売上は100本ですね。1本1本ラベルを貼って、どれが売れてどれが残ったか記録するんですか」

 「そういうやり方を個別法と言って、不動産や美術品のように個別性が高い商品の評価で使われているよ。でも、取引回数が多くなってくると、個別法って面倒でしょ」

 「それもそうですね」

 「そこで、個別法の他に、次のような方法があるんだ」

●先入先出法

●移動平均法

●総平均法

●最終仕入原価法

●売価還元法

（細かいことは不要という方は、「色んな評価方法がある」という理解で、P53までの解説を飛ばしてください。）

●先入先出法

先に仕入れた在庫から払い出していくという方法です。

5月15日の売上60本に対し、まず前期繰越の50本を払い出し、5月10日の仕入れ30本から10本を払い出したとして計算します（20本残り）。

5月15日の売上原価
= 50 × 1,000円 + 10 × 1,200円　= 62,000円

5月25日の売上40本に対し、5月15日に残った20本をまず払い出し、5月20日の仕入れ50本から20本を払い出したとして計算します（残り30本）。

5月25日の売上原価
= 20 × 1,200円 + 20 × 1,400円　= 52,000円

5月の売上原価
= 62,000円 + 52,000円　= 114,000円

先入先出法は、計算の仮定が実際の商品の動きと一致しているのがメリットです。インフレ（持続的な物価の上昇）の局面では、売上原価が小さく、利益が大きく計上されます。

●移動平均法

　仕入れるたびに平均単価を計算し、それを次の売上の払い出し単価にするという方法です。

　5月10日の仕入れでは、期首棚卸と合わせて、次の平均単価になります。

$$払い出し単価 = \frac{50\,(前期繰越) \times 1{,}000 + 30\,(5/10\,仕入) \times 1{,}200}{50\,(前期繰越) + 30\,(5/10\,仕入)}$$

$$= 1{,}075 \quad 円$$

　この1,075円を5月15日の売上60本の払い出し単価とします。

　5月15日の売上原価
　= 60 × 1,075円 = 64,500円

　5月20日の仕入れでは、5月15日売上後の残り20本と合わせて、次の平均単価になります。

$$払い出し単価 = \frac{20\,(5/15\,残) \times 1{,}075 + 50\,(5/20\,仕入) \times 1{,}400}{20\,(5/15\,残) + 50\,(5/20\,仕入)}$$

$$= 1{,}307 \quad 円$$

この 1,307 円を 5 月 25 日の売上 40 本の払い出し単価と
します。

　5 月 25 日の売上原価
　＝ 40 × 1,307 円 ＝ 52,280 円

　5 月の売上原価
　＝ 64,500 円＋ 52,280 円＝ 116,780 円

　移動平均法は、払い出し単価を随時把握するので、販売損
益をタイムリーに管理できるというメリットがあります。仕
入れるたびに平均単価を計算するので、計算が複雑になる点
がデメリットだと言われますが、システム等を使えば問題あ
りません。

●総平均法
　移動平均法を単純化した方法で、期首棚卸と期中仕入の合
計金額を合計数量で割った金額を払い出し単価とします。

払い出し単価

$$= \frac{50 (前期繰越) \times 1,000 + 30 (5/10 仕入) \times 1,200 + 50 (5/20 仕入) \times 1,400}{50 (前期繰越) + 30 (5/10 仕入) + 50 (5/20 仕入)}$$

$$= 1,200 \ 円$$

この 1,200 円を 5 月の売上 100 本すべての払い出し単価
とします。

　5 月の売上原価
　= 100 × 1,200 円 = <u>120,000 円</u>

　総平均法は、計算がシンプルなことがメリットですが、一
定期間を終わるまで（上の例だと 5 月が終わるまで）売上原
価を計算できないというデメリットがあります。

●最終仕入原価法

　期末に最も近い日に取得した仕入れ単価を期末棚卸の単価
とします。
　5 月 20 日が 5 月の最終仕入なので、仕入れ単価 1,400 円
を 5 月の売上 100 本すべての払い出し単価とします。

　5 月の売上原価
　= 100 本 × 1,400 円 = <u>140,000 円</u>

　最終仕入原価法のメリットは、計算の手間を省けることで
す。一方デメリットは、期中の価格変動が大きい場合、実際
の仕入れ価格との差が大きくなることと期末まで評価ができ
ないことです。

●売価還元法

　スーパーやコンビニのように取り扱い商品の種類が多い業種では、棚卸しの業務を簡素化するために売価還元法を用います。棚卸しとは、店頭・倉庫など現場にある商品の数量が会計上の記録数量と一致しているかどうかを調査する作業です。

　売価還元法では、商品別の仕入額と売上額の関係から原価率を計算し、売上高に売上率を掛けて、売上原価を推計します。原価率は、（大まかには）以下の計算式で求めます。

$$原価率 \ = \ \frac{期首棚卸高 \ + \ 期中仕入れ}{売上高 \ + \ 期末繰越商品売価}$$

　分子は、その期の売上原価と期末に売れ残った商品の合計ということになります。

　分母の期末繰越期商品売価というのは、期末に店舗に売れ残っている商品の個数と付いている値札を確認し、集計したものです。分母は、売れたものと売れたらいくらになるか、の合計を意味します。

　ワインショップの例で、以下の売価情報があったとします。

　　5月15日　売上単価　1,800円
　　5月25日　売上単価　2,000円
　　5月31日　棚卸商品の値札　2,000円

原価率

$$= \frac{50(\text{前期繰越}) \times 1{,}000 + 30\,(5/10\,\text{仕入}) \times 1{,}200 + 50(5/20\,\text{仕入}) \times 1{,}400}{60(5/10\,\text{売上}) \times 1{,}800 + 40(5/20\,\text{売上}) \times 2{,}000 + 30(\text{期末繰越}) \times 2{,}000}$$

$$= 62.9 \ \%$$

5月の売上原価

$$= (108{,}000\,(5/15\,\text{売上}) + 80{,}000\,(5/25\,\text{売上})) \times 62.9\%$$

$$= \underline{118{,}252} \quad \text{円}$$

　以上、代表的な在庫の評価方法を紹介しました。この他に後入先出法（後に仕入れた順から先に払い出す）という方法もありますが、2010年以降、企業会計原則で使用を禁止されています。

　「いろんな方法があるんですね。どの方法を選べばいいんですか？」

　「事業の実態に合った方法を選ぶべき、ということで正解はないよ。ただ、一度この評価方法を使うと決めたら、継続して使う必要があるんだ」

　「継続して使う？」

　「そう。評価方法によって利益が変わってくるので、頻繁に変更すると、利益を操作しているのではということで、決算書の信頼が損なわれちゃうからね」

5．製造原価

「先ほどの在庫の評価は、菊菜さんのワインショップのように仕入れた商品を商品をそのまま販売するという例だったけど、製造業（メーカー）の場合もっと複雑になってくる」

「製造業だといくらで製品を作ったかが問題になりますね」

「その通り。製造業における売上原価、つまり製品を作るのにかかった原価のことを**製造原価**と言うんだ」

（製造業に関係・関心ない方は、この項目を飛ばしてください。）

製造業では、損益計算書の売上原価の内容を下のような**製造原価明細書**という付属資料で説明します。

<u>製造原価明細書</u>

Ⅰ．材料費	600
Ⅱ．労務費	400
Ⅲ．経費	<u>300</u>
当期総製造費用	1,300
期首仕掛品棚卸高	<u>400</u>
合計	1,700
期末仕掛品棚卸高	<u>500</u>
当期製品製造原価	<u>1,200</u>

このうち材料費は、原料・材料・部品の消費高で、労務費は工場で働く従業員に支払った賃金・給料です。

　経費は、水道光熱費や機械・装置などに関する減価償却費などです（減価償却費は第３章で詳しく解説します）。

　仕掛品とは、製造途中の段階で未完成の状態の製品のことです。期首・期末で仕掛品がある場合、次のように製造原価を計算します。

製造原価
＝ 期首仕掛品棚卸高 ＋ 当期製造費用 － 期末仕掛品棚卸高

　なお2013年まで金融商品取引法で製造原価明細書を公表することが求められていましたが、現在は開示の義務はありません。製造原価明細書を非公開にする会社が増え、内部管理のための計算書類という位置付けに変わりつつあります。

6．法人税等

「最後に法人税等だね。ここでは利益と所得の違いを押さえ
ておこう」

　まず、法人税等とは、法人税・住民税（都道府県民税・市
町村民税）・事業税の３つを指します。この３つを法人３税
と呼ぶ場合があります。

　法人税は国に払う国税、住民税・事業税は地方自治体に払
う地方税という違いはありますが、共通しているのは所得に
対して課税されることです。
　会社の所得は、以下の式で計算します。

益金 － 損金 ＝ 所得

　一方、損益計算書の計算式は、次の通りでした（P26）。

収益 － 費用 ＝ 利益

　益金と収益、損金と費用が同じなら、所得と利益も同じに
なります。概ね一致しますが、一部に一致しないものがあり
ます。

・受取配当金の一部は会計上は収益に計上しても、法人税法上は益金とはしません。→**益金不算入**

・交際費、寄付金、役員報酬などのうち過大な部分は、会計上は費用に計上しても、損金にすることはできません。→**損金不算入**

　会社は益金と損金をゼロから集計するわけではなく、まず損益計算書を作成して、それをベースに益金不算入や損金不算入を調整して所得を計算します。この作業を**税務調整**と言います。

　法人3税を合わせた所得に対する税率は、現在、約30%です。昭和の時代には50%以上ありましたが、企業を世界から誘致することを目的に法人税率を引き下げることが各国で行われており、日本もそれに対応し段階的に税率を引き下げてきました。

　なお、税率が低い国・地域を**タックスヘイブン**（tax haven、租税回避地）と言い、スイス・シンガポール・バハマ・ケイマン諸島・バージン諸島などが有名です。

　法人税関係でいま話題になっているのが海外拠点との移転価格税制です。移転価格とはグループ会社との取引価格のことで、海外拠点との取引で販売価格や仕入価格をどう設定するかで、日本と海外拠点の利益のバランスが変わってきます。

第2章のポイント

✓ 損益計算書は、一定期間の収益と費用を集計し、費用を本業との関連が深い順に区分けして並べて、上から5種類の利益（売上総利益・営業利益・経常利益・税金等調整前当期純利益・当期純利益）を表示します。

✓ 売上など収益の認識は実現した時点で計上する実現主義を用います。一方、費用の認識は取引が発生した時点で計上する発生主義を用います。

✓ 在庫の評価によって売上原価、利益が違ってきます。在庫の評価方法には、先入先出法、移動平均法、総平均法、最終仕入原価法、売価還元法などがあります。

✓ 製造業における売上原価、つまり製品を作るのにかかった原価ことを製造原価と呼びます。

　　製造原価 ＝ 期首仕掛品棚卸高 ＋ 当期製造費用
　　　　　　　 － 期末仕掛品棚卸高

✓ 所得に対して法人税等がかかります。所得＝益金－損金で、益金と収益、損金と費用はほぼ同じですが、一部、異なる場合があります（益金不算入や損金不算入）。

第3章
貸借対照表
〈たいしゃくたいしょうひょう〉
の仕組みと見方

1．貸借対照表は一時点の財産の一覧表

😊 「さて、今回は貸借対照表。菊菜さんは4月にワインショップを開業して、損益計算書も貸借対照表も作ったわけだけど」

😊 「はい。貸借対照表は開業して1日目にできたので、あれっ？という感じでした」

😊🙌 「では、クイズ」

> 損益計算書と貸借対照表で、共通している点と違っている点は何でしょうか。

😊 「違いの方は、損益計算書は一定期間、貸借対照表は一時点ということですね」

😊🙌 「その通り。じゃあ共通点は？」

😊 「共通点って何だろう……」

😊🙌 「共通点は、どちらも取引の仕訳から作成されるってことだよ」

　会社が活動すると取引が発生し、その金額と項目を2面で仕訳します。

　この仕訳のうち、損益計算書は、ある一定期間の収益と費用を集めたものです。収益も費用もその期間の増減量なので、**フロー**（flow）という言い方をします。

それに対し、貸借対照表は、ある一時点の資産・負債・資本（＝純資産）を集計したものです。資産・負債・資本はその時点で残っているもので、**ストック**（stock）と言います。

　貸借対照表は一時点のものですが、会社が設立されてから現在まで活動した結果として残った財産を表示しています。

　資産はもちろん財産ですが、会計的には負債と資本も財産です。資産はプラスの財産、負債はマイナスの財産、資本は正味の財産です。

　貸借対照表の等式は、以下の通りです。

資産 ＝ 負債 ＋ 資本

　資産は資金の運用で、負債と資本は資金の調達です。負債は借入金など第三者からの調達です。資本は、正式には純資産と言い、資本金など株主からの調達です。

<資産の運用>　　　　<資金の調達>

負債

資産

資本
（純資産）

さらに、資産と負債をそれぞれ流動・固定と区分けします。基本的に回収・支払いの期限が1年より長いものは、固定資産・固定負債、1年以下の短いものは、流動資産・流動負債になります。これを**1年基準**（one year rule）と言います（この他に後で紹介する正常営業循環基準があります）。右は、加藤さんが目標にしているラテールの貸借対照表です。

「いろいろな科目があって、覚えるのが大変そう……」

「そうだね。でも、3月31日という一時点の調達の残高が右に、運用の残高が左に列挙されている、という基本な仕組みは大丈夫でしょ」

「それは大丈夫です」

「すべての科目を覚える必要はないんだけど、重要な科目の意味を含めて、これから4つの重要なことを紹介しよう」

- ●正常営業循環基準
- ●固定資産
- ●減価償却
- ●純資産の部の中身

貸借対照表

2021 年 3 月 31 日現在

（単位：百万円）

科目	金額	科目	金額
（資産の部）		（負債の部）	
流動資産	190	流動負債	120
現金および預金	30	買掛金	50
受取手形	10	短期借入金	60
売掛金	70	未払金	10
商品	70	固定負債	120
前払金	10	長期借入金	120
固定資産	170	負債合計	240
有形固定資産	140	（純資産の部）	
建物	40	株主資本	
器具・備品	20	資本金	40
車両運搬具	10	資本剰余金	10
土地	70	資本準備金	5
無形固定資産	20	その他資本剰余金	5
ソフトウェア	15	利益剰余金	70
商標権	5	利益準備金	5
投資その他の資産	10	任意積立金	15
差入保証金	10	繰越利益剰余金	50
		評価・換算差額等	0
		純資産合計	120
資産合計	360	負債および純資産合計	360

2．正常営業循環基準

「まず、正常営業循環基準から」

「何だか堅苦しい表現で、引いちゃいそう（笑）」

「名前は堅苦しいけど、割とイメージしやすい考え方だから、安心して」

　流動と固定を分類するのに、1年基準とともに用いるのが、**正常営業循環基準**です。正常営業循環基準とは、通常の営業取引（営業サイクル）によって発生した資産・負債をそれぞれ流動資産・流動負債とする、という基準です。

　図のように、「資金」「仕入」「在庫」「販売」というそれぞれの段階で資産・負債が発生します。

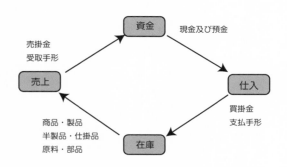

この図の中に出てくる勘定科目を解説します。

●**売掛金**：売上代金を後日受け取る権利（債権）です。

　権利なので資産です。なお、売掛金と受取手形を合

わせて**売上債権**と言います。

●**買掛金**：仕入代金を後日支払う義務（債務）です。義務なので負債です。なお、買掛金と支払手形を合わせて、**仕入債務**と言います。

●**在庫＝棚卸資産**：販売する目的で保有している財で、次のようなものがあります。

・商品：販売目的で仕入れた財で、そのまま販売できるもの

・製品：販売目的で製造した財で、完成し、販売できるもの

・半製品：製造途中の財で、その時点で販売可能なもの

・仕掛品：製造途中の財で、その時点で販売できないもの

・原料（部品）：販売目的の財を製造するために短期間に消費される財

これらは、いずれも営業サイクルの中で発生するので、流動資産・流動負債とします。

なお、紙の手形は印刷・金利などコストがかかり、紛失・盗難・詐欺などのリスクがあることから、近く廃止する方向で検討が進められています。商取引で手形を使うことは減っており、受取手形と支払手形のことは忘れても構いません。

企業会計原則では、まず正常営業循環基準を優先して適用し、これに該当しないものを1年基準で判定するものと規定しています。例えば、ワインの醸造には1年以上の期間を要しますが、明らかに営業サイクルの範囲内にあるので、流動資産と判定します。

3. 流動と固定を厳格に分ける理由

「ところで、どうして流動と固定を明確に分けなくちゃいけないの？」

「お、良い質問だね。菊菜さんはどう思う？」

「ええ、なんだろ。会社の実態を正確に見せるため？」

「一言で言うと、その通り。もう少し詳しく考えると、流動資産と固定資産、流動負債と固定負債では、その役割が大きく違うからなんだ」

　流動資産は、会社が営業取引を進めるために必要な資産です。と同時に、流動負債、たとえば短期借入金を返済する原資になります。たとえば、個人でもクレジットカードの決済期限が来たら、預金口座に入金しておくのと同じです。

　それに対して固定資産は、通常の営業取引ではなく、設備や金融資産への投資です。会社が発展・成長するには、工場を立てたり、新しい機械を導入したり、M&A（合併・買収）をする必要があり、これらは固定資産に計上されます。ただ、固定資産への投資を回収するのには時間がかかり、負債を返済する原資としてすぐには使えません。

一方、負債についてまず確認しておきたいのは、銀行や仕入先といった債権者に負債を返済できなくなったら会社は倒産するということです。利益が赤字か黒字かではありません。赤字でも、債権者に負債を返済すれば倒産しません。黒字でも、債権者に負債を返済できなければ倒産です。

　したがって、短期借入金や買掛金といった近く支払期限がやってくる負債については、倒産しないように支払い日を管理する必要があります。これが流動負債で、支払いに備えて流動資産を確保しておきます。

　それに対して長期借入金など支払期限がまだ先の負債は、いま支払いのことを心配する必要はありません。これが固定負債で、回収に時間のかかる固定資産への投資資金として活用することができます。

　このように、流動資産によって流動負債の支払いに備える、固定負債で調達した資金を固定資産への投資に活用する、という関係にあります。

　流動と固定をしっかり区分けすることで、会社は負債の返済や投資に備えることができます。また、外部の関係者は、貸借対照表を見て、会社の資金調達と運用がバランスよく行われているかどうかを知ることができるのです。

4．固定資産の定義と種類

 「次に固定資産とは何なのか考えてみよう」

加藤さんがワインショップで使う以下の3つの物品を購入しました。それぞれ費用ですか、固定資産ですか？

　①来客用の消毒液を 1,000 円で購入
　②ワインセラー（貯蔵庫）を 30 万円で購入
　③電卓を 3,000 円で購入

 「①消毒液は費用ですね。消耗品費とか。②ワインセラーは、固定資産、備品。③電卓はどうでしょうね。固定資産？」

 「①②は正解。③は残念ながら費用だよ」

 「へえ、電卓もワインセラーと同じで備品っぽいのに……」

 「電卓は、"備品"という固定資産じゃなくて、"備品費"という費用になるんだ」

　固定資産は、会社の資産のうち、耐用年数が 1 年を超え

るもので、購入金額が 20 万円以上のものです。**耐用年数**とは「通常これくらいの期間は利用できるだろう」と想定する年数です。

　クイズの答えを確認しましょう。①消毒液は、すぐに消費してなくなるので、費用です。②ワインセラーは、1 年を超えて長期間利用しますし、購入金額も 30 万円と大きいので、備品という固定資産です。③電卓は、1 年を超えて長期間利用しますが、購入金額が 3,000 円と小さいので、費用で処理します。

　固定資産は、以下の 3 つに分類できます。

●**有形固定資産**：物理的な実態・形のある資産です。
　土地・建物・機械・装置などが該当します。
●**無形固定資産**：物理的な実態・形のない資産です。
　許権・商標権などの権利やソフトウェアなどが該当
　します。
●**投資その他の資産**：長期間保有する有価証券（投資）
　やここまでのいずれにも当てはまらないもの（その
　他の資産）です。投資には子会社株式・投資有価証券、
　その他の資産には差入保証金などが該当します。

　なお、近年、産業構造が重厚長大から軽薄短小に転換したことで、有形固定資産の割合が小さくなり、IT 化によって無形固定資産の割合が大きくなっています。

5. 減価償却

　固定資産には、建物・装置・備品のように価値が減少するものと土地や美術品のように価値が減少しないものがあります。

　価値が減少する固定資産については、減価償却をします。**減価償却**（げんかしょうきゃく）とは、固定資産の価値減少分を利用期間に応じて費用配分する手続きです。

　たとえば、ワインセラーを 30 万円で購入し、6 年間使用するとします。購入した時点で備品費という費用で処理すると、購入した年だけ利益が 30 万円減ってしまいます。6 年使うつもりなら、6 年かけて費用とする方が合理的でしょう。

　まず購入したときは、備品という科目で貸借対照表・固定資産に計上します。

　備品は購入した後、時間とともに性能が悪くなり、価値が減少します。経年劣化と言います。この経年劣化などによる価値の減少分を減価償却費という費用に振り替えます。

　6 年間同じスピードで価値が減少していくとすると、毎年 5 万円（＝ 300,000 円÷ 6 年）ずつ減価償却するのが合理的です。毎年、以下の仕訳をします。

　（借方）　　　　　　　　　（貸方）

　原価償却費　50,000　／　現金及び預金　50,000

減価償却を6年間行うと、備品の貸借対照表の残高と減価
償却費（損益計算書に計上）は、以下のようになります。

	減価償却費（P/L）	備品（B/S）
購入時		300,000
1年目	▲50,000	250,000
2年目	▲50,000	200,000
3年目	▲50,000	150,000
4年目	▲50,000	100,000
5年目	▲50,000	50,000
6年目	▲50,000	0

　この例のように、毎年5万円といった同じ金額で償却する
方法を**定額法**と言います。

　他にも毎年の残高に一定率を掛けて償却額を計算する
定率法などの方法があります。かつて日本企業では定率法
が主流でしたが、国際的に定額法が主流であることから、大
企業を中心に定額法に移行する流れになっています。「定額
法以外の償却方法もある」という程度の理解でいいでしょう。

　ところで、この例では、ワインセラーを6年で減価償却し
ましたが、耐用年数をどう決めればいいでしょうか。

　その資産の実態に合わせて決めるのが原則ですが、何年使
えるかを正確に見積もるのは困難ですし、設備が多くなると
手間がかかります。そこで一般には、国税庁が公表している
法定耐用年数を使います。法定の法とは「法人税法」のこ
とです。

6. 何のために減価償却をするのか？

「会社にいた頃、減価償却ってずいぶん面倒くさいことしているなと思っていたけど、正しい損益計算書を作るためにやっているんですね」

「そういうこと。もう一つ付け加えると、減価償却をすることで、損益計算書だけじゃなく、貸借対照表も正しい姿になるんだよ」

「どういうことですか？」

「もし、ワインセラーを購入した時点で経費で処理したらどうなる？ 会社はワインセラーという資産を持っているの貸借対照表には表示されないよね」

「それもそうですね。資産があるのに、ないことになっちゃいますね」

「あるいは、購入して 30 万円を備品という固定資産に計上して、減価償却を実施しないとどうなる？ 資産価値がどんどん落ちているのに、ずっと 30 万円のまま帳簿に残っちゃうでしょ？」

「なるほど。正しい財産の状態を示すには、買ったときにはまず資産に計上して、価値が減少したら資産を落として費用にするというやり方が合理的なんですね」

「そういうこと」

7. 減価償却をしても節税にはなりません

「これまで減価償却って、節税のためにやっていると思っていました」

「ああ、これは税理士とか専門家を含めて誤解している人が多いね。減価償却はやってもやらなくても、法人税は変わらないんだ」

「え、そうなんですか。減価償却をすると節税できますって、本とかに書いてあったけど……」

「では、クイズ」

> 次の３つの会計処理で、法人税が最も安くなるのはどの方法ですか？
>
> ① 購入時に備品費 300,000 円という費用で処理
> ② 購入したら備品 300,000 円という資産に計上し、減価償却を実施せず、最終的に０円で廃棄処分し、固定資産除却損 300,000 円を計上
> ③ 資産に計上し毎年減価償却費 50,000 円を計上
>
> （①は税法上認められていません）

「ああ、①も②も③も 6 年間の合計で言うと 300,000 円が費用＝損金になるから、どれも同じってことですね」

「その通り。厳密に言うと、税金を早く払うか、遅く払うかで金利の違いがあるし、決算が黒字なら節税の効果があり、赤字なら効果がないとかあって、まったく同じではないんだけどね。ただ、減価償却したら節税できる、っていう発想が大間違いだというのはわかったかな」

「はい、わかりました。減価償却は節税のために実施するのではなく、損益計算書と貸借対照表を正しく見せるためにするということですね」

8. 純資産の部の中身

「貸借対照表の最後に、純資産の部。菊菜さんは、就活の
ときに会社の資本金を意識した？」

「大学の教授から、資本金が大きい会社の方が安全性が高
いと教わって、一応ちゃんと見ましたよ」

「じゃあ、資本剰余金は？　利益剰余金は？」

「それは見ませんでした」

「そうだろうね。いまから中身を紹介するけど、結論的には、
株主から振り込まれたものと利益が蓄積されたものがいろいろ
入っている、というくらいの理解で良いと思うよ」

「いろいろ入っている、って友井さんらしくないアバウトな
言い方ですね（笑）」

　純資産の部は、資産と負債の差額なのでそういう呼び方を
します。また会社の所有者である株主自身からの調達なので、
自己資本（資本）と言います。
　純資産の部は大きく「**株主資本**」と「**評価・換算差額等**」
に分かれます。このうち「評価・換算差額等」は、持ち合い
株の時価評価、土地再評価法に基づく再評価、国債先物のヘッ
ジ取引といった超マニアックな取引によって発生するもので
すし、金額もたいてい極めて小さいので、聞かなかったこと
にしてください。

株主資本は、以下の３つに分かれます。

●資本金：会社設立や増資（新規に株を発行して、お
　金を集めること）で株主から出資を受けた金額から
　下の資本準備金を差し引いたもの。

●資本剰余金：資本取引によって発生した剰余金
　・資本準備金：株主からの出資のうち半分以下の金
　　額を組み入れます。
　・その他資本剰余金：自己株式処分差益（会社が自
　　社の株を買うことを自己株式と言い、それを第三
　　者に売却して差益を得ることがあります。細かい
　　部分なので覚えなくても結構です）など。

●利益剰余金：会社が生み出した利益を会社内部に蓄
　積したもの。俗に内部留保と呼ばれます。
　・利益準備金：株主への配当を行う際に、会社法に
　　より配当金額の10分の1を積み立てる必要があり
　　ます。
　・任意積立金：法律で義務付けられているものでな
　　く、会社が任意で積み立てるもの。別途積立金と
　　いった名称で表示します。
　・繰越利益剰余金：前期から繰り越された利益と今
　　期の当期純利益の合計です。ここから株主総会で

決議して配当を支払うか、利益準備金・任意積金
に積み立てます。

　このうち、資本準備金と利益準備金は会社法で定められた
ものなので、法定準備金と呼ばれます。法定準備金は、資本
金の４分の１に達するまで積み立てます。原則として資本金・
法定準備金を取り崩して株主に配当を支払うことはできませ
ん。法定準備金を積み立てることには、２つメリットがあり
ます。

　一つは、**減資**（資本金を減らすこと）をせずに済むことで
す。減資をするには、株主総会を開いて特別決議（株主の過
半数が出席し、３分の２以上が賛成）と官報への公告など債
権者保護手続きが必要で、非常に困難だからです。資本準備
金を積んでおけば、赤字が発生したときに減資をせず、資本
準備金を取り崩して対応することができます。

　もう一つは、税制や補助金などの恩恵があることです。日
本では資本金が１億円以下であれば法人税法上の中小法人
（中小企業）となり、税負担を軽減する措置が受けられます。
中小企業基本法でも資本金によって中小企業が定義され、補
助金・助成金・低利融資などが受けられます。法定準備金を
積み立てて資本金の額を抑えることで、中小企業のメリット
を享受できるのです。

9．資本金や法定準備金を細かく規定している理由

「さてここでまたクイズ」

> 会社法で資本金や法定準備金について細かく取り決めている
> のは、どうしてでしょうか？

「えっと、会社のため？　経営者のため？」

「それは違うよ。債権者のためなんだ」

「債権者って、銀行とか仕入先ですか」

「その通り。株式会社制度では、株主は自身の出資額を超え
て負債に対して責任を負わない、という原則がある。これを
株主有限責任って言うんだけど」

「あ、それ学校で習いました」

「もし資本金や法定準備金の取り決めがなかったら、会社は
株主への配当を増やし、資本金・法定準備金が少なくなってし
まうかもしれない。その状態で会社が倒産したらどうする？」

「銀行・仕入れ先は債権を回収できず、貸倒れになりますね」

「そう。会社が資本金・法定準備金を維持することで、債権
者を保護することができるんだ。準備金とかの名前は忘れても
いいけど、**債権者保護**は大切な考え方だから、しっかり覚え
ておいてね」

10. 貸借対照表の標準形

「ところで、損益計算書は利益が大きいほど良いんでしょう
けど、貸借対照表には理想的な姿とか、標準的な形ってあるん
ですか？」

「それは良い質問だ。じゃあクイズ」

下のＡ社・Ｂ社・Ｃ社の貸借対照表で、最も標準的なの
はどれでしょうか。なお、話を単純化するために固定負
債はないものとします。

Ａ社	
流動資産 50	流動負債 90
固定資産 50	純資産 10

Ｂ社	
流動資産 50	流動負債 50
固定資産 50	純資産 50

Ｃ社	
流動資産 50	流動負債 10
固定資産 50	純資産 90

「Ｂですか。ＡとＣはバランスが悪いし」

「そう。Ｂで正解なんだけど、バランスが悪いと何がいけな
いのかな？」

「ああ、さっき説明していただいたことですね（P66）」

A社・C社の左側・資産への運用と右側・資金の調達のバランスについて考えてみましょう。

　A社は、「流動資産＜流動負債」です。流動負債は1年以内に返済する義務があり、返済できなければ会社は倒産です。流動負債の返済に即座に充当できるのは、1年以内に現金化できる流動資産なので、流動資産が少ない状態だと、倒産の危険性が高まります。

　またA社は、「固定資産＞純資産（資本）」です。固定資産はリスクが大きく、資金回収に時間がかかる投資なので、返済義務のない純資産で調達したいところです。純資産が少ない状態は、固定資産の資金調達の安全性という点でも問題があります。

　一方、C社は「流動資産＞流動負債」で、支払い能力があります。「固定資産＜純資産（資本）」で安定した資金調達ができています。

　「断然C社の方が安全性は高いですね。となると、標準的なのはB社じゃなくてC社ってことにならないんですか？」

　「それが難しいところでね。実は、C社には大きな問題があるんだ」

C 社は安全性では優れていますが、問題は収益性を高めにくいことです。収益性を代表する指標に ROE（Return On Equity、自己資本利益率）があります。

$$ROE = \frac{当期純利益}{自己資本　（＝純資産）}$$

　計算式から明らかな通り、分母の純資産が小さいと ROE が上がり、純資産が大きいと ROE が下がります。

　A 社と C 社で資産を使って収益を生む力に大きな差がないとすれば、ROE は分母の純資産が小さい A 社の方が高く、純資産が大きい B 社の方が低くなります。ということで、収益性は逆に A 社の方が高いということになります。

　以上から、収益性が高く、安全性が低い A 社でも、収益性が低く、安全性が高い C 社でもなく、B 社が標準的ということになります。

　貸借対照表の左右のバランスということでは、B 社は「流動資産＝流動負債」「固定資産＝純資産」となっており、流動負債の支払いへの備えと固定資産の安定した資金調達を実現したバランスの良い状態になっていると言えます。

　なお、ROE や安全性と収益性の関係については、改めて第 5 章で検討します。

第3章のポイント

✓ 貸借対照表は、ある一時点の資産・負債・純資産を集計し、資産＝負債＋純資産という等式で一覧表示したものです。資産は資金の運用、負債と純資産は資金の調達です。

✓ 資産と負債を流動・固定に分けて表示します。流動・固定は、1年基準と正常営業循環基準で分けます。

✓ 固定資産は、会社の資産のうち、耐用年数が1年を超えるもので、購入金額が20万円以上のものです。

✓ 固定資産の価値減少分を利用期間に応じて費用配分する手続きのことを減価償却と言います。減価償却を実施することで、正しい姿の損益計算書・貸借対照表を表示することができます。

✓ 純資産の部は、会社の所有者である株主からの調達と内部留保で、資本金・資本剰余金・利益剰余金などがあります。

✓ 流動資産と流動負債、固定資産と純資産の部のバランスに留意する必要があります。

第4章
キャッシュフロー計算書
〈けいさんしょ〉の仕組みと見方

1. 勘定合って銭足らず

「今日は、キャッシュフロー計算書を勉強しよう。キャッシュ
フロー計算書は第3の決算書と言われるけど、2000年から上
場会社に作成・開示が義務付けられた通り、近年とても注目さ
れているんだ」

「そうですか。でも、4月の取引を仕訳して損益計算書と貸
借対照表を作ったら、おまけでキャッシュフロー計算書が出て
きました（P32）。損益計算書と貸借対照表だけじゃダメなん
ですか？」

「なるほど、良い質問だ。では、ちょっと次の例を考えてみて」

あるワインショップで4月に次の3つの取引が発生しまし
た。4月の利益と現金の増減は、それぞれいくらですか。

　4月10日　ワイン5万円を現金で仕入
　4月20日　10日に仕入れたワインすべてを10万円で掛
　　　　　　け売り（5月31日に入金予定）
　4月30日ワインセラーなど備品の減価償却費2万円を計上

「利益は簡単。売上高10万円－売上原価5万円－減価償却
費2万円＝3万円」

84

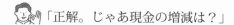「正解。じゃあ現金の増減は？」

「ええと。あ、そうか。この3つの取引のうち、4月に現金が動いたのは4月10日の仕入れ5万円だけ。現金は5万減ったわけですね」

「その通り。利益はプラス3万円、現金はマイナス5万円。このように、利益が出ているのに現金が足りない状態を、**勘定合って銭足らず**って言うんだよ」

第1章の加藤さんの4月の取引は、仕入代金・経費を現金で支払い、売上は現金で受け取りました。こうした現金取引では、利益と現金は一致します。

しかし、**現金取引**は、金額が大きくなったり、取引回数が増えると不便ですし、盗難・紛失などのリスクがあります。そこで、一般には掛け（後日の決済）で仕入れたり、掛けで販売します。現金取引の反対が掛け取引です。売り先を「ちゃんと払ってくれるだろう」と信用して掛けで売るので、**信用取引**とも言います。

また、第3章で紹介した減価償却は、現金が動くのは固定資産を購入した時点で、その後に計上する減価償却費は、費用として処理されますが、現金の動きはありません。このような現金支出を伴わない費用のことを**非資金費用**と言います。

一般に、この例のように、掛け取引をしたり、減価償却費のような非資金費用があるので、利益と資金は一致しないのです。

　「なるほど、損益計算書では資金の状態を正確につかめないから、キャッシュフロー計算書も見る必要があるということですね」

　「その通り。ただ、ちょっと考えてみて。『4月はこう』『2020年度はこう』と会計期間を区切るから利益と現金に差が出るんであって、時間の要素を無視すれば、ある一連の取引から発生する利益と現金は一致するよね」

　「それもそうですね。ということは、資金繰りに困っている会社以外には、キャッシュフロー計算書はそんなに大切じゃないと」

　「そうかもね。世間の会計本を読むと、キャッシュフロー計算書は極めて大切、場合によっては損益計算書よりも大切って書いているけど、そこまでは……」

　（良い会社と悪い会社を見分けるだけなら、この章をスキップして、第5章以降をお読みいただければ十分です）

2. キャッシュフロー計算書の基本構造

(顔アイコン) 「たしかに、損益計算書の補完という意味では、キャッシュフロー計算書はそんなに大切じゃない。ただ、表示の仕方がうまくできていて、会社の活動を実によく把握できるんだ」

(顔アイコン) 「そう聞いて、お話を聴く気が湧いてきました（笑）」

(顔アイコン) 「よしよし（笑）」

次に加藤さんが目標にし、注目しているラテールのキャッシュフロー計算書を見てみましょう。（次頁参照）

キャッシュフロー計算書は、一定期間のキャッシュの増減を営業活動・投資活動・財務活動という３つの区分で説明する計算書類です。

まずキャッシュとは、正しくは「現金および現金同等物」と言います。「現金」にはいわゆる現ナマだけでなく、普通預金・通知預金を含みます。「現金同等物」とは、換金が容易で価格変動が少ない投資で、具体的には、期限が３か月以内の定期預金、譲渡性預金、コマーシャルペーパーなどです。
このように正確に書くとちょっと面倒な印象を受けますが、「現金とすぐに換金できる預金・投資」というくらいに覚えておいてください。

2020 年 4 月 1 日〜 2021 年 3 月 31 日

（単位：百万円）

Ⅰ. 営業活動によるキャッシュフロー	
税金等調整前当期純利益	70
減価償却費	20
売上債権の増加（▲）・減少	▲5
棚卸資産の増加（▲）・減少	▲30
仕入債務の増加・減少（▲）	5
法人税等の支払額	▲30
＜営業活動によるキャッシュフロー＞	30
Ⅱ. 投資活動によるキャッシュフロー	
定期預金の預入による支出	▲10
有形固定資産の取得による支出	▲60
＜投資活動によるキャッシュフロー＞	▲70
Ⅲ. 財務活動によるキャッシュフロー	
短期借入れによる収入	10
長期借入れによる収入	40
株式の発行による収入	0
＜財務活動によるキャッシュフロー＞	50
Ⅳ. 現金および現金同等物の増減額	10
Ⅴ. 現金および現金同等物の期首残	20
Ⅵ. 現金および現金同等物の期末残	30

　ラテールの場合、現金および現金同等物の残高は、期首の 20 百万円（Ⅴ）から 1 年間で 10 百万円増えて（Ⅳ）、期末に 30 百万円になっています（Ⅵ）。

　なお、期末の現金および現金同等物 30 百万円は、P63 の貸借対照表の現金および預金と一致しています。ただし、貸

借対照表の現金および預金とキャッシュフロー計算書の現金および現金同等物では範囲が少し違うので、微妙に一致しないケースがあります。

　この現金および現金同等物の増減10百万円がどのように生じたのか、会社の活動を3つに区分して説明します。

　Ⅰ．営業活動によるキャッシュフローは、売ったり、買ったり、費用を支払ったりという営業活動によって得られたキャッシュです。事業が軌道に乗れば、通常はプラスになります。ラテールは30百万円です。

　Ⅱ．投資活動によるキャッシュフローは、固定資産への投資によって得られたキャッシュです。投資は支出なので通常マイナスになりますが、固定資産の売却でプラスになることもたまにあります。ラテールは▲70百万円です。

　Ⅲ．財務活動によるキャッシュフローは、株式を発行することによる増資や借入によって得られたキャッシュです。調達が多ければプラスで、返済が多ければマイナスになります。ラテールは50百万円のプラス、つまり調達が増えています。

　そして、Ⅳ．現金および現金同等物の増減額は、Ⅰ・Ⅱ・Ⅲの合計です。

3．営業活動によるキャッシュフローの計算

「この中で、営業活動によるキャッシュフローは少し複雑な
ので、間接法による計算の仕方について補足しよう」

「間接法ってことは、直接法もあるわけですか？」

「そう。あることはあるんだけど、直接法を使っている会社
はほとんどないので、無視して構わないよ」

　営業活動によるキャッシュフローは、税金等調整前当期純
利益（ラテールの場合は70百万円）からスタートし、利益
とキャッシュの差異を生み出す項目を加減算して計算しま
す。とくに重要な3項目を紹介します。

　＜減価償却費＞
　減価償却費は損益計算書に含まれていますが、現金の支出
を伴わない非資金費用です。キャッシュの動きを捉えるには、
足し戻します。
　ラテールの場合、税金等調整前当期純利益70百万円の中
に減価償却費20百万円が含まれているので、足し戻します。

　＜流動資産の増減＞
　売掛金・受取手形など売上債権や棚卸資産（在庫）といっ
た流動資産が前期末比で増加すると、そこに資金が投下され

滞留したことになり、資金的にはマイナスです。

　逆に、流動資産が前期末比で減少すると、投下した資金の回収が進んだことになり、資金的にはプラスです。

　ラテールの場合、前期末比で売上債権が5百万円、棚卸資産が30百万円増加しており、ともに資金的にはマイナスです。

　<流動負債の増減>

　買掛金・支払手形などの流動負債は、当前期末比で増加すると支払いが繰り延べられたことになり、資金的にはプラスです。

　逆に、流動負債が前期末比で減少すると、早期に支払ったことになり、資金的にはマイナスです。

　ラテールの場合、前期末比で支払債務が5百万円増えており、資金的にはプラスです。

　なお、流動負債のうち短期借入金の増減は、財務活動によるキャッシュフローに反映されます。

「他にも細かい調整項目があるんだけど、ややマニアックだから覚える必要はないよ」

「わかりました」

4．①現金および現金同等物の増減をチェックする

「キャッシュフロー計算書の構造・作り方の話はこれくら
いにして、見方について重要ポイントを3つ紹介しよう」

「3つですか」

「そう、たったの3つ。第1のポイントは、現金および現
金同等物の期初との増減だ」

現金および現金同等物が期初（＝前期末）と比べて大きく
増減していないかが、第1のポイントです。

債権者への支払いができなくなったら、会社は倒産です。
倒産をしないためには、キャッシュが極端に減少してしまう
のは困ります。

だからといって、必要以上の量のキャッシュを抱えていて
も仕方ありません。いま銀行預金の金利がほぼゼロ％になっ
ている通り、キャッシュそれ自体はほとんど価値を生み出し
ません。適切な手元資金の量を決めて、あまり多すぎにも、
少なすぎにもならないよう管理します。

ただ、適切な手元資金の金額を決めるのは、非常に困難で
す。実務的には、販売先の倒産など何らかのトラブルで売上
代金が入金されなくても大丈夫なように、「月間売上高（月商）
の1か月分」などと決めて保持することが多いようです。

何か月分が適切かどうかは、会社の事業内容・回収条件・金融機関との関係などに影響され、一概には決められません。

　ここでとくに問題になるのが、売上代金の回収条件です。
　小売店など消費者に現金で売る販売形態なら、毎日の売上があるので、そんなにたくさん現金を置いておく必要はありません。

　ところが、掛け売りの場合、回収期間を考慮して多めに現金を持つ必要があります。
　たとえば、「月末締め翌月末払い」（その月に販売した代金をまとめて翌月の末日に支払ってもらう）という回収条件で毎日販売する場合、

●4月1日から4月30日までの販売分
　→翌月末の5月31日に入金
●5月1日から5月31日までの販売分
　→翌月末の6月30日に入金

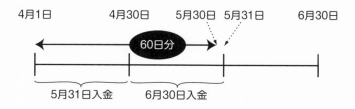

5月の末日（31日）の前日の5月30日の時点では、4月1日から5月30日までの60日分（約2か月）の売掛金残高があります。つまり、最大で月商2か月分の貸倒れが発生する可能性があることを考慮して、現金および現金同等物の残高を決めます。

　ラテールの場合、現金および現金同等物の期初残高は20百万円、期末残高は30百万円で10百万円増えています。

　P40の売上高900百万円から、月商の現金および現金同等物の期末残高に対する割合は、0.4倍と計算されます。

現金および現金同等物の期末残30百万円
÷（売上高900百万円÷12）＝0.4倍

「この0.4倍って、大きいのかしら、小さいのかしら？」

「さあ、繰り返しだけど、この数字だけでは何とも言えないね。販売形態、回収条件、顧客の質とか、いろんな条件が関わってくるので。ただ……」

「ただ？」

「この後の2つ目、3つ目のポイントと関連してくるんだけど、ラテールは経営状態があまり良くなくて、安全性を高めるために現預金を積み増した可能性はあるかな」

5. ②フリーキャッシュフローを見る

「2つ目に、フリーキャッシュフローを確認するといいよ」

「フリーキャッシュフロー？」

「企業経営ではとてもよく使う用語なので、ぜひ名前を覚えておいて」

　十分なフリーキャッシュフローがあり、財務活動によるキャッシュフローに依存しすぎていないかが、2つ目に重要なポイントです。

　フリーキャッシュフローとは、営業活動によるキャッシュフローと投資活動によるキャッシュフローの合計で、財務活動を除いた通常の事業活動によって得られるキャッシュフローです。会社が自由に使えるので、フリーキャッシュフローと呼ばれます。

フリーキャッシュフロー
＝ 営業活動によるキャッシュフロー ＋ 投資活動によるキャッシュフロー

　フリーキャッシュフローがプラスなら、通常の営業活動で投資を上回るキャッシュフローを生み出しており、健全な状態と言えます。

フリーキャッシュフローがマイナスなら、営業活動がうまく行っていないか、投資が過大になっているか、または両方です。いずれによせ健全な状態とは言えません。

　マイナスの場合、借入れを行うなど財務活動によるキャッシュフローがないと、資金的に苦しくなります。マイナスが長く続くと財務活動によるキャッシュフローに依存する状態になってしまいます。

	〔正常状態〕	〔資金繰り悪化〕
営業活動によるキャッシュフロー	＋＋＋	＋または－
投資活動によるキャッシュフロー	－－	－－
財務活動によるキャッシュフロー	±0または－	＋＋
キャッシュ増減	＋または±0	±0または－

　ただし、創業間もない会社や急成長している会社では、先行投資がかさむので投資活動によるキャッシュフローのマイナスが大きくなる一方、まだ売上高を十分に確保できず、営業活動によるキャッシュフローが少額あるいはマイナスになります。その結果、フリーキャッシュフローがマイナスになり、財務活動によるキャッシュフローに依存することになります。

　フリーキャッシュフローがマイナスの場合、事業がうまくいっていないのか、創業期や成長期で一時的に営業活動によるキャッシュフローが少ないだけなのか、見極める必要があ

ります。

　ラテールの場合、営業活動によるキャッシュフローは30
百万円、投資活動によるキャッシュフローは▲70百万円で、
フローフリーキャッシュフローは▲40百万円です。そのた
め財務活動によるキャッシュフローで50百万円を調達して
います。

「フリーキャッシュフローがマイナスというのは気になりま
　すね」

「これがさっき言ったラテールの気になる点の1つ目ね」

「でもラテールは新規出店をして成長しているから、たまた
　まいまはフリーキャッシュフローがマイナスになっているのか
　なあ……」

「急成長しているというなら、このパターンになることは十
　分にあり得るね。この数字だけではちょっと断定できないか
　な」

6．③営業活動によるキャッシュフローの質を見る

「3つ目のポイントは、営業活動によるキャッシュフローの質を確認することだ」

　一般に会社は現金取引ではなく掛け取引をするので、損益計算書だけでは営業活動によるキャッシュフローを正確には摑めません。ただ、掛け取引を除くと、損益計算書の当期純利益と減価償却費を合わせた金額が、P 90 で紹介した調整をする前のベースとなるキャッシュフローということになります。

　これは、キャッシュフロー計算書の項目で言うと以下の通りです。

ベースの営業キャッシュフロー
＝ 税金等調整前当期純利益－法人税等＋減価償却費

　このベースの営業キャッシュフローと実際の営業活動によるキャッシュフローには、以下のような原因で差が出ます（P90~91 の解説と同じ内容です）。

●売上債権が前期末より増加（減少）
→売上債権への投資が増え（減り）、キャッシュが減少（増加）
●棚卸資産が前期末より増加（減少）

→棚卸資産への投資が増え（減り）、キャッシュが減少
（増加）
●仕入債務が前期末より増加（減少）
→仕入債務の支払いが繰り延べられ（進み）、キャッシュ
が増加（減少）

　実際の営業活動によるキャッシュフローがベースの営業
キャッシュフローよりも小さい場合、売上債権の増加、棚卸
資産の増加、仕入債務の減少にキャッシュを食われており、
好ましくない状態であると言えます。
　ラテールでは、ベースの営業キャッシュフローは、以下の
通りでした。

ベースの営業キャッシュフロー
＝ 税金等調整前利益 70 百万円－法人税等 30 百万円
　　＋減価償却費 20 百万円
＝ 60 百万円

　本来ならこれくらいの営業活動によるキャッシュフローが
あるはずです。ところが実際の営業活動によるキャッシュフ
ローは 30 百万円で、30 百万円少なくなっています。
　その大きな原因として、棚卸資産が前期末比 30 百万円増
加していることが気になります。売行きが悪化し在庫を抱え
ているという推測が可能です。

第4章のポイント

✓ キャッシュフロー計算書は、一定期間のキャッシュの増減を営業活動・投資活動・財務活動という3つの区分で説明する計算書類です。

✓ キャッシュとは「現金および現金同等物」で、「現金とすぐに換金できる預金・投資」です。

✓ 営業活動によるキャッシュフローは、税金等調整前当期純利益からスタートし、減価償却費、流動資産の前期末比の増減、流動負債の前期末比の増減などを調整します。

✓ 第1に、現金および現金同等物が期初から大きく増減していないか確認します。

✓ 第2に、十分なフリーキャッシュフローがあり、財務活動によるキャッシュフローに依存しすぎていないかを確認します。フリーキャッシュフロー = 営業活動によるキャッシュフロー + 投資活動によるキャッシュフロー。

✓ 第3に、営業活動によるキャッシュフローが流動資産の増加や流動負債の減少によって目減りしていないかを確認します。

第5章
収益性〈しゅうえきせい〉
・安全性〈あんぜんせい〉

1. 収益性とは何か？

😊「さて、今回からは決算書を使った経営分析について考えていこう。経営分析の大きな目的は、良い会社と悪い会社を見分けることなんだけど、菊菜さんは良い会社のイメージって持っている？」

😊「儲かっていて、安定していて、成長していて、というところです。あ、ちょっとありきたりですね」

😊「ありきたりだけど、まったくその通り。儲かっているかどうかが収益性、安定しているかどうかが安全性、成長しているかどうかか成長性。この3つが大切だ」

😊「当たって良かった（笑）」

😊「ではまず収益性から。早速クイズ」

次のA社とB社でどちらが収益性が高いですか。

A社：売上高100、総資産100、当期純利益20
B社：売上高200、総資産120、当期純利益30

😊「当期純利益の絶対額が大きいのはB社ですね。でも、売上高に対する当期純利益の割合は、A社が20％（＝当期純利益20÷売上高100）、B社が15％（＝当期純利益30÷売上高200）でA社の方が高い……」

「で、どっちが収益性が高いかな？」

「収益額は B だけど、収益性は A ですか」

「なるほど。あと、総資産に対する当期純利益の割合は？」

「A 社は 20％（＝当期純利益 20 ÷ 総資産 100）、B 社は 25％（＝当期純利益 30 ÷ 総資産 120）。B 社の方が高いですね。あ、結構難しい」

「収益性って何気なく言うけど、２種類あるんだ。売上高に対する利益の割合である**売上高収益性**（うりあげだかしゅうえきせい）と、使ったお金に対する利益の戻りである**資本収益性**（しほんしゅうえきせい）だよ」

「どちらを指しているかで結論が違ってくるんですね」

「その通り。この例では、売上高収益性は A 社の勝ち、資本収益性は B 社の勝ち。どっこいどっこい、ということになるかな」

「なるほど」

「では、追加で確認のクイズ」

次の２つのコメントは、売上高収益性と資本収益性のどちらを意味しますか。
・化粧品会社の社員「化粧品は原価が低く、収益性が高い」
・株式投資家「ソフトバンクの株は収益性が高い」

「もう簡単。化粧品会社の社員が言っているのは売上高収益性、株式投資家が言うのは資本収益性です」

「正解」

2. 売上高収益性の指標

売上高収益性<ruby>うりあげだかしゅうえきせい</ruby>とは、会社が顧客から獲得した売上高（フロー）のうち、どれくらいが利益として残るかを見るものです。代表的な経営指標は、売上高総利益率、売上高営業利益率、売上高経常利益率などです。

$$売上高総利益率 \ = \ \frac{売上総利益}{売上高}$$

$$売上高営業利益率 \ = \ \frac{営業利益}{売上高}$$

$$売上高経常利益率 \ = \ \frac{経常利益}{売上高}$$

なお、売上高総利益率のことを「**粗利率**<ruby>あらりりつ</ruby>」と呼ぶことがあります。

会社の内部では、資本収益性よりも売上高収益性が重視されており、単に「利益率」と言えば、売上高利益率を意味します。

3．資本収益性の指標

　資本収益性とは、会社が貸借対照表の右側で調達した資金を使ってどれだけ利益を上げたかを見るものです。資本収益性の代表的な経営指標として、**ROE**（Return On Equity、自己資本利益率、P81 の再掲）と **ROA**（Return On Asset、総資産利益率）があります。

$$\text{ROE} = \frac{\text{当期純利益}}{\text{自己資本（＝純資産）}}$$

$$\text{ROA} = \frac{\text{経常利益}}{\text{総資産}}$$

　自己資本は株主からの調達なので、株主から見た投資の収益性を見るのが ROE、株主だけでなく会社が調達した資金すべてを使ってどれだけ効率的に収益を上げているのかを見るのが ROA です。

　ROE の分子には、当期純利益を使います。会社が売上高から様々な利害関係者に支払って最終的に残ったのが当期純利益で、当期純利益はすべて株主のものなので、株主の投資収益を見るには当期純利益を分子に使うのが適切です。

ROAの分子には、日本では経常利益を用います。ただ、経常利益は日本でしか使われていない利益概念なので、日本以外の国では**事業利益**を使います。

事業利益 ＝ 営業利益 ＋ 受取利息・受取配当金

貸借対照表の左側の資産は営業資産と金融資産に分けることができると考えると、営業資産から生み出される営業利益と金融資産から生み出される受取利息・受取配当金を足した事業利益が分子として適切ということになります。経常利益は、事業利益から負債に対する支払利息を差し引いており、資産が生み出す利益という点では不適切なのです。

4. 収益性指標の計算と分析

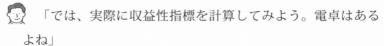 「では、実際に収益性指標を計算してみよう。電卓はある
よね」

 「はい」

「目標としているラテールの実態を把握するために、同業
のライバル・Q社と比較して分析してみよう」

下はラテールとQ社の決算書から抜粋したデータです（単位 百万円）。
売上高総利益率・売上高営業利益率・売上高経常利益率・
ROE・ROA を計算し、両社の収益性を分析してください。

	ラテール	Q社
売上高	900	500
売上総利益	350	180
営業利益	100	80
経常利益	70	50
当期純利益	40	30
純資産	120	80
総資産	360	190

「ええと、数字はこんなですか」

	ラテール	Q社	差異	優劣
売上高総利益率 (%)	38.9	36.0	2.9	○
売上高営業利益率 (%)	11.1	16.0	▲4.9	×
売上高経常利益率 (%)	7.8	10.0	▲2.2	×
ROE(%)	33.3	37.5	▲4.2	×
ROA(%)	19.4	26.3	▲6.9	×

＊優劣は、ラテールが優れている場合は○、劣っている場合は ×

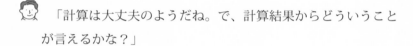「計算は大丈夫のようだね。で、計算結果からどういうことが言えるかな?」

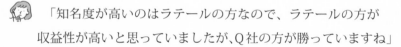「知名度が高いのはラテールの方なので、ラテールの方が収益性が高いと思っていましたが、Q社の方が勝っていますね」

「そのようだね。ところで、売上高総利益率だけラテールの方が高い点についてはどう解釈する?」

「ラテールの方が高級品を中心にやや高い価格で売っているからでしょうね。他の指標がすべてQ社に劣っているのは、広告宣伝費や店舗設備に金を掛けているのかなと……」

「そんなところですか」

「ええ、この程度しか推測できません」

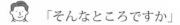「いや、それくらい推測できれば十分だと思うよ。いまの推測が正しいかどうかは、実際に会社側に確認する必要があるんだけど」

5. リスクとリターンの関係

 「ここで少し深い話。難し目のクイズだよ」

食品スーパーと半導体メーカーがあります。両社とも、売上高 100、総資産 100、経常利益 20 です。あなたが投資家なら、どちらの株を買いますか。

 「うーん、売上高経常利益率は 20％、ROA も 20％で同じですね。でも正解は食品スーパーかな」

 「正解。なんだけど、難しいのは理由。売上高経常利益率も ROA も同じ、つまり収益性は同じなのに、どうして食品スーパーなの？」

 「感覚的にそう思ったんだけど、さて、どうしてと言われると……」

　先ほどはラテールと Q 社という同業種の２社を比較しましたが、ここでは食品スーパーと半導体メーカーという異業種の比較です。ポイントはリスクです。

　食品スーパーは生活必需品を扱うので、好景気でも不景気でも安定した売上を見込むことができます。景気の良し悪しによる利益の変動は少ないでしょう。

　それに対して、半導体はコンピューターなど機器の部品と

して使われ、景気の良し悪しで売上が大きく変動します。よって利益の変動も大きくなります。

　会計・財務の世界では、収益の変動性のことを**リスク**（risk）と言います。世間一般では、リスクというと「危険性」を意味しますが、会計・財務などの世界では少し違った使い方をします。食品スーパーの方がリスクが小さく、半導体の方がリスクが大きいということになります。

　一般に、人間にはリスクを嫌う傾向があります。**リスク回避的**（risk-averse）と言います。そのため、リスクが小さい事業（や投資）は、低いリターンしか期待できなくても実施します。これがローリスク・ローリターンという状態です。

　一方、リスクが大きい事業（や投資）は、高いリターンを期待できないと、馬鹿馬鹿しくて実施しません。これがハイリスク・ハイリターンです。

　例に当てはめると、半導体メーカーの方がリスクが大きいので、リスクが小さい食品スーパーと同じ収益性では、投資家は「半導体メーカーはリスクが大きいので、その程度の収益性では割に合わない」と考えます。収益性が同じなら、リスクが小さい食品スーパーを選択します。

　つまり、単純に収益性を見るだけでなく、どの程度のリスクを負っているかを確認する必要があるのです。

6．ハイリスク・ハイリターン、ローリスク・ローリターンの意味

「リスクって、なかなか奥が深そうな話ですね」

「せっかくなので、リスクとリターンの関係について、もう少し考えてみよう。リスクとリターンには大きい・小さいがあるから2×2で4つの組み合わせがあるよね」

①ハイリスク・ハイリターン
②ローリスク・ローリターン
③ローリスク・ハイリターン
④ハイリスク・ローリターン

「それぞれについて、例を思いつく？」

「資産運用で言うと、株式投資は①ハイリスク・ハイリターン、国債とか定期預金への投資は②ローリスク・ローリターンですね。でも、③ローリスク・ハイリターンと④ハイリスク・ローリターンは、ちょっと例が思い浮かびませんが……」

「そう？　投資じゃないけど、道端に1万円札が落ちていたら確実に収益を上げられるから、③ローリスク・ハイリターンだよね」

「そっか」

「パチンコ・競馬といったギャンブルは平均の収益はマイナスだから、④ハイリスク・ローリターンだ」

「よく『ギャンブルはハイリスク・ハイリターン』って言われるけど、間違いなんですか」

「そう、完全に間違いだね。競馬の場合、馬券を100円買って平均で70〜80円の払い戻しだ。仮に75円とすると、100円買って25円損するから、投資収益率はマイナス25％ということになるよね」

「なるほど。つまり、4つのパターンいずれも考えられるということですね」

「その通り。ただし、道端に1万円札が落ちていることはほとんどないし、会社がギャンブルをすることは（あまり）ない」

「4通りあることはあるけど、事実上残っているのは①ハイリスク・ハイリターンと②ローリスク・ローリターン……」

「そう、そこだね。残った2つから、リスクを取って大きく儲けようというのが①ハイリスク・ハイリターン、小さくても確実に利益を得たいというのが②ローリスク・ローリターンということなんだ」

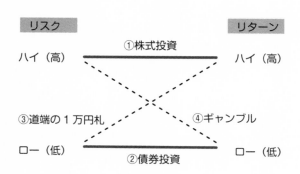

112

7. 安全性の指標

「では、次に安全性。確認だけど、安全性ってどういうこ
とだったっけ？」

「倒産しにくいか、しやすいか、ということです」

「その通り」

　会社は、買掛金・借入金といった負債を返済できなくなっ
たら倒産です。倒産しないような支払能力を持っているかど
うかを安全性の指標で確かめます。
　安全性の最も代表的な指標が**自己資本比率**です。

$$自己資本比率 \ = \ \frac{自己資本 \ (＝純資産)}{総資産}$$

　総資産、つまりすべての運用資産＝すべての資金調達に対
し自己資本（純資産の部）が占める割合を示します。自己資
本は株主に返済する必要がない安定した資金なので、この数
字が大きいほど安全性が高いことを意味します。
　自己資本比率は、業種によって差が大きく、日本では、製
造業40〜50％、小売業30〜40％、卸売業20〜30％、
銀行は10％程度が多いようです。
　なお、自己資本比率と意味するところは同じですが、プロ

の投資家は **Ｄ／Ｅレシオ**をよく用います。Ｄは負債 Debt の、Ｅは自己資本 Equity の略です。

$$\text{D/E レシオ} = \frac{\text{負債}}{\text{自己資本}}$$

一方、短期の安全性を見る代表的な指標が流動比率です。

$$\text{流動比率} = \frac{\text{流動資産}}{\text{流動負債}}$$

流動負債は、買掛金・短期借入金など１年以内に支払いをしなければならない負債です。流動資産は、現預金・棚卸資産・売掛金など１年以内に現金化できる資産です。流動比率は、短期の支払いに充当できる資産をどれだけ持っているかを計測する指標で、高いほど安全性が高いことを意味します。

一般に流動比率は 100％以上必要とされますが、現金商売で売掛金・受取手形がない小売業では 100％を下回ってもまったく問題なかったりします。

流動比率が高いほど安全性は高い一方、流動資産が大きすぎることになります。現預金の利息はほぼゼロですし、棚卸資産、売掛金などもそれ自体が価値を生むわけではありません。なくても済むなら、ない方が良いと言えます。

かつては「流動比率は200％以上あることが望ましい」
"200％ルール" とよく言われました。しかし、あまりにも
流動比率が高い会社は、無駄な資産をたくさん持ち、資産効
率が悪い会社だと言えます。

　とくに大企業は、金融機関との間にコミットメントライン
契約を結んでいます。これは金融機関から一定の枠内で自由
に資金調達できるという契約です。資金が至急必要になった
らコミットメントラインを使えばいいので、いざというとき
に備えて無駄な現預金を積んでおく必要はありません。「流
動比率は高いほど良い」という時代ではなくなったのです。

　続いて、長期の安全性を見る代表的な指標が固定比率です。

$$固定比率 \ = \ \frac{固定資産}{自己資本（純資産）}$$

　固定資産は投資リスクが大きく、資金回収に時間がかかる
ので、安定した資金で投資をするべきです。返済の必要がな
く、リスク許容力がある自己資本（純資産）で固定資産をど
れだけ賄えているかを見るのが固定比率です。この値が低い
ほど投資に対する長期の安全性が高いと言えます。

　ただ、固定比率が100％を下回って小さくなると、自己
資本が大きくなりすぎます。自己資本は負債に比べて調達コ

ストが高いので、自己資本があまり大きいと企業価値を高めるのが難しくなります（調達コストについては P120 で解説します）。

　実務的に固定比率よりもよく使うのが固定長期適合率です。

$$\text{固定長期適合率} \quad = \quad \frac{\text{固定資産}}{\text{固定資産} \quad + \quad \text{自己資本（純資産）}}$$

　固定比率を下げようとすると、自己資本が大きくなってしまいます。そこで、返済する必要がなく、失敗しても「ゴメンなさい」と言える自己資本に加えて、負債ではあるものの長期にわたって返済する安定的な調達である固定負債によって、どれだけ固定資産への投資を賄えているかを見るのが、固定長期適合率です。固定比率と同じように、低いほど安全性が高いことを意味します。

　なお図のように、流動比率は貸借対照表の上の部分、固定長期適合率は下の部分で、表裏一体の関係にあります。流動比率が 100％なら、固定長期適合率も 100％です。固定長期適合率を 100％以下（＝流動比率を 100％以上）に維持することを目標にしている会社が多いようです。

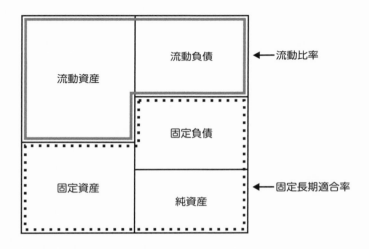

流動資産

流動負債 ← 流動比率

固定負債

固定資産

純資産 ← 固定長期適合率

8. 安全性指標の計算と分析

「じゃあ、安全性についても経営指標を計算してみよう」

下はラテールとライバル Q 社の決算書から抜粋したデータです (単位百万円)。自己資本比率・D/E レシオ・流動比率・固定比率・固定長期適合率を計算し、両社の安全性を分析してください。

	ラテール	Q 社
総資産	360	190
流動資産	190	100
固定資産	170	90
流動負債	120	70
固定負債	120	40
純資産	120	80

「だいぶ計算に慣れてきました。こんな数字ですね」

	ラテール	Q 社	差異	優劣
自己資本比率 (%)	33.3	42.1	▲8.8	×
D/E レシオ (%)	200.0	137.5	62.5	×
流動比率 (%)	158.3	142.9	15.4	○
固定比率 (%)	141.7	112.5	29.2	×
固定長期適合率 (%)	70.8	75.0	▲4.2	○

＊優劣は、ラテールが優れている場合は○、劣っている場合は ×

👩 「ラテールの方が良い指標と悪い指標がありますね」

👨 「そうだね。ただ、先ほど説明した通り、流動比率と固定長期適合率は同じ、自己資本比率とＤ／Ｅレシオも同じってことだったから……」

👩 「実質的にはラテールの１勝（流動比率＆固定長期適合率）２敗ってことになりますね」

👨 「ちょっと注目して欲しいのは、固定比率ではラテールが劣っているのに、固定長期適合率だと勝っているということなんだけど」

👩 「あ、そうか、ラテールは固定負債が多いから、固定長期適合率では勝っているんですね」

👨 「その通り。キャッシュフロー計算書からわかる通り（Ｐ88~89）、ラテールは長期借入金を増やして店舗に投資している。固定長期適合率の計算では長期借入金が増えると安全性が上がったことになるけど、借入金が増えて安全になったとは言わないから、実質的には安全性が低下していると考えるべきだろうね」

👩 「なるほど。ラテールは倒産しそうな、危険な状態なんですか？」

👨 「いや、そこまでは言えないと思うよ。成長期の会社は先行投資がかさんで一時的に安全性の指標が悪化することはよくあるし、自己資本比率33％というのも、まあまあ良い数字だし」

9. 自己資本と負債の調達コスト

「すみません。ちょっと戻っていいですか」

「もちろん、どうぞ」

「先ほど固定比率のところで、調達コストって話がありましたが……」

「ああ、自己資本（純資産）は調達コストが高い、負債は調達コストが低い、ってところね（P115）」

「株主への配当がゼロとか少ない会社もあるから、自己資本の調達コストが高い、というのが理解できないんですが」

「さっきは説明を端折っちゃったから、簡単に説明しておこう」

　お金はただでは調達できないので、資金提供者にコストを払う必要があります。

　負債の調達コストは、借入金の場合、借入金利息（支払利息）です。買掛金は一般に利息を払わないので、コストはゼロです。

　問題は、自己資本（純資産）のコストです。会社は株主に配当を支払うので、配当が自己資本の調達コストだと思い勝ちですが、そうではありません。配当だけでなく、内部留保した分を含めた当期純利益が株主に支払うコストです。

当期純利益はさまざまな関係者にコストを支払った残り
で、すべて株主のものです。配当をせず内部留保した分も、
株主が株主総会で決議すればいつでも配当として引き出すこ
とができます。配当は株主に還元する、内部留保は会社に残
るという置き場所が違うだけで、当期純利益はすべて株主に
帰属します。

　次に、負債の提供者である銀行と自己資本の提供者である
株主の立場から、リスクについて考えます。
　損益計算書の上から順番通りに、銀行は株主よりも優先的
に利息を受け取ります。元本の返済も株主よりも優先的に受
け取ることができます。したがって、投資をして元本・利息
が返ってこないというリスクは、銀行の方が小さく、株主の
方が大きいということになります。

　銀行は投資リスクが小さいので、ローリスク・ローリター
ンで、低い利回りでも融資します。したがって会社側から見
ると、調達コストが低くなります。

　株主は投資リスクが大きいので、ハイリスク・ハイリター
ンで、高い利回りを見込めないと投資しません。会社側から
見ると、調達コストが高くなります。そして、会社が株主に
支払うコストは当期純利益であり、結局高いROEを提供す
る必要があるということです

10. 配当では会社の良し悪しはわからない

「ということは、配当が多いか少ないかは、あまり株主にとっては意味がないってことですか」

「理論的には、そういうことになるね。配当しようが内部留保しようが、株主のものであることには変わりないからね」

「配当が増えると、株主は喜びますが……」

「いや、配当をもらって困ってしまう株主も多いんだ」

「え、どういうことですか？」

投資先から配当を受け取った株主には、新たな悩みが生まれます。銀行預金の利率はほぼゼロ％なので、受け取った配当を預金で遊ばせておくわけにはいきません。新たな投資先を探す必要があります。

現在の日本の税制では、配当を受け取った株主に所得税が課されます。そして、投資する際には取引手数料が必要です。

もしその投資先が今後も成長し、株価上昇が見込めるなら、株主はその会社に再び投資したいと考えるでしょう。株主にとっては、配当を受け取って、所得税を差し引かれ、取引手数料を払ってその会社に再投資するよりも、配当せず、内部留保した方が効率的です。

つまり、成長し、株価上昇が見込める会社は、配当をせず、

内部留保をする方が株主にとっては好都合ということになります。

　逆に、その投資先に将来性がなく、今後、株価が下がるようなら、内部留保しておくと、株主の価値はどんどん減ってしまいます。株主は、配当を払ってもらって、新たな別の魅力的な投資先を探します。

　将来性が乏しい会社は、配当を増やした方が株主のためになるということです。

「言われてみれば確かにその通りですが、実際はどうなんですか」

「日本では、業績や将来性に関係なく安定的に配当を払う会社が多いので、この原則は必ずしも当てはまらない」

「安定配当という考え方ですね」

「そう。しかし、マクドナルドやマイクロソフトといったアメリカ企業は、成長が続いた創業から数十年間は配当ゼロ（無配）で、成長が止まったら配当を開始している。日本以外の国では、だいたい原則通りになっているんだ」

「ということは、配当の多い少ないを見ても、会社の良し悪しはわからない、ってことですね」

「そういうことになるね」

11. ROE が大切な理由

👨「ところで、今回紹介する色んな経営指標の中で、ROE が一番大切だと言われているだよ」

👩「そうなんですか。株主が会社の所有者だからですか」

👨「株主が会社の所有者だからというだけじゃなくて、会社が発展するのに必要なリスクを引き受けてくれるからなんだ」

👩「どういうことですか?」

👨「たとえば、会社が新しい工場を立てるとき、自己資本でなく、負債で調達したら、どういうことになる?」

👩「工場が順調に稼働すれば問題ありませんが……」

👨「そうだね。もしも、うまく行かなかったら?」

👩「ああ、負債を返済できなくなって、会社は倒産ですね。自己資本なら返済する必要がないし、利益が出なかったら配当をゼロにすればいい」

「その通り。会社が長期的に発展するためには、リスクを避けていままで通りのビジネスを続けているだけではダメで、たまには工場を立てたり、新しい事業を始めたり、M&Aをしたりする必要がある。失敗したときのリスクを株主が引き受けてくれるから、会社は思い切ってリスクテイクができるんだ」

「なるほど。でも、株主が大切って言われると、ちょっと抵抗感がありますが……」

「たしかに株主が大切って言うと、多くの日本人は露骨に嫌な顔をするよね。でも、リスクテイクしてくれる株主に高いリターンで報いなくちゃいけないというのは、資本主義社会の重要なルールなんだ」

「資本主義のルールですか」

「まあ、理屈はわかっても感情的に納得できないってことはよくあるよね。こればかりは考え方に慣れてもらうしかない」

12. 収益性と安全性は対立する

「ここまで収益性と安全性について考えてきたんだけど、2つの関係について確認しよう」

「え、関係があるんですか？」

「ああ、大ありだよ。デュポンシステムという考え方を紹介しよう」

アメリカの化学メーカー、デュポンは ROE の向上を経営の目標にしていました。単純に ROE を算定するのではなく、次のように分解し、事業を管理しました。

$$ROE = \frac{当期純利益}{純資産}$$

$$= \underbrace{\frac{総資産}{純資産}}_{財務レバレッジ} \times \underbrace{\frac{売上高}{総資産}}_{総資産回転率} \times \underbrace{\frac{当期純利益}{売上高}}_{売上高当期純利益率}$$

一番左は**財務レバレッジ**と言い、自己資本比率の逆数（分子と分母をひっくり返す）です。真ん中は総資産回転率（P148）、一番右は売上高当期純利益率です。

このように ROE を財務レバレッジ、総資産回転率、売上高当期純利益率の3つに分解し、総合的に管理することを**デュポンシステム**と言います。

　収益性を代表する指標が ROE、安全性を代表する指標が自己資本比率でした。デュポンシステムの計算式から、自己資本比率が上がると ROE は低下し、自己資本比率が下がると ROE が上がることがわかります。つまり、収益性と安全性は対立する関係にあるのです。

「自己資本比率を低下させるって、具体的にはどういうことをするんですか」

「いろんな方法があるけど、資金が必要になったら借入金で調達する、利益を内部留保せずに配当する、というのが代表的なやり方だ。でも、収益性を上げるために自己資本比率を低下させ続けるとどうなる？」

「負債が多くなりすぎると、倒産の危険性が高まりますね」

「そう。だから収益性・安全性をそれぞれ見るのではなく、2つをバランスさせることが大切なんだ」

第 5 章のポイント

✓ 一般に収益性・成長性・安全性に優れているのが良い
  会社です。

✓ 収益性には、売上高収益性と資本収益性があります。
  売上高収益性は売上高総利益率や売上高営業利益率で、
  資本収益性は ROE や ROA で計測します。

✓ リスクとの兼ね合いでリターン（収益性）を評価し
  ます。リスクが大きい場合に高いリターンを要求するこ
  とをハイリスク・ハイリターンと言います。

✓ 安全性とは倒産しにくいかどうかで、自己資本比率、流
  動比率、固定比率、固定長期適合率などで計測します。

✓ 純資産（自己資本）の調達コストは負債の調達コスト
  よりも高いです。

✓ 成長している会社は配当を減らし、成長が止まった会
  社は配当を増やすのが、株主にとって合理的です。

✓ 安全性を代表するのが自己資本比率、収益性を代表
  するのが ROE です。自己資本比率が上がる（下がる）
  と ROE が下がり（上がり）、安全性と収益性は対立し
  ます。

第6章
成長性〈せいちょうせい〉と
趨勢分析〈すうせいぶんせき〉

1. CAGRを知っていますか？

「今日は、成長性について考えてみよう。いきなりだけど、CAGRって言葉を聞いたことある？」

「シー・エイ・ジー・アール？　いえ、聞いたことありません。有名なんですか？」

「いや、まったく無名だよ、日本では」

「なあんだ（笑）」

「でも、日本以外ではとても有名で、ROEに次いで2番目に大切な経営指標だって言う人も多いんだ。会社は儲けるために存在するからまず収益性、それを代表するのがROE。次に売上高や利益が増えること、成長することが大切で、成長性の指標がCAGRなんだ」

　成長性とは、売上高・利益・総資産などが増加する割合のことです。収益性が高くても、成長性が高くないと魅力的な会社とは言えません。

　成長性の指標としては、売上高成長率、営業利益成長率（営業利益の他に各段階の利益を使うことがあります）、総資産成長率などがあります。

　前期の売上高と当期の売上高を比較した売上高成長率は、次の計算式で求めます。

$$\text{売上高成長率} = \frac{\text{当期売上高} \quad - \quad \text{前期売上高}}{\text{前期売上高}}$$

たとえば、ある会社で前期の売上高が 100、当期の売上高が 120 だとしたら、売上高成長率は以下の通りです。

売上高成長率
＝（120 － 100）÷ 100 ＝ 0.20 → 20%

ただ、単年度の成長率はその年の特殊事情による振れ幅が大きいので、あまり参考にならなかったりします。知りたいのは、5 年間、10 年間といった長期間にわたって、年平均で何%成長したかという大きなトレンドでしょう。そこで、複利の考え方で年平均の成長率を算定します。

複利の年平均の成長率は、欧米では **CAGR**（Compound Annual Growth Rate、年複利成長率）の略称で知られ、基準年の売上高と n 年後の売上高について、以下の計算式で算定します。

$$\text{CAGR} = \left(\frac{\text{n 年後売上高}}{\text{基準年売上高}} \right)^{\frac{1}{n}} - 1$$

n ＝ 2 以上では、手計算でこれを算出するのは困難なので、EXCEL の XIRR を使います。

「数式」→「関数の挿入」→「（関数の分類）財務」→「（関数名）XIRR」

＊たとえば、売上高が「2010年100」から「2020年200」になったという場合、範囲は「△100、200」、「日付」は「2010/1/1、2020/1/1」と指定します（基準年売上高をマイナスで入力することに注意）。→ 答えは、CAGR＝7.2％になります。

🧑 「まあ、計算をできる必要はないけれど、CAGRという重要な経営指標がある、ってことくらいは覚えておくといいね」

👩 「はい、わかりました」

🧑 「あと、**72の法則**と言って、複利で何％の成長を何年間続けると元本が倍になる、というのがある。上の例だと、7.2×10＝72だから、7.2％で10年複利で成長すると、元本が倍になるんだ」

👩 「それは、なかなか便利そうですね。6％だったら12年、4％だったら18年で倍になるわけですね」

🧑 「その通り。いま、普通預金の利息はどれくらいかなぁ。仮に0.01％だとしたら、預金残高が倍になるのは？」

👩 「ええと、7200年後ですか。気が遠くなってきました（笑）」

2.3つの比較分析

「ところで、売上や利益だけでなく、損益計算書・貸借対照表の数字の伸び率を比較すると、会社の状態を知ることができる。これを**趨勢分析**（すうせいぶんせき）って言うんだ」

「漢字を書けません（笑）」

「その前に比較ということについて簡単に整理しよう」

自社の決算書を見て、「今期は当期純利益が2千万円だった」「自己資本比率が30%だった」と確認するだけでは、あまり意味がありません（もちろん、まったく見ないよりははるかにマシですが）。決算書に限らず何かを分析するというとき、他の別のものと比較することが有効です。

比較分析には、趨勢分析・ベンチマーキング・予実分析の3つの方法があります。「3比」と言う場合もあります。

●**趨勢分析**
過去の決算書と比較して、趨勢（トレンド）がどうなっているのかを分析します。
●**ベンチマーキング**
同業他社、業界平均、モデル会社など他社と比較することをベンチマーキング（benchmarking）と呼びます。

●予実分析
<small>よじつぶんせき</small>

　事前に立案した経営計画や年度予算を比較することを予実分析と言います「予実」とは、「予算と実績」の略です。第5章でラテールとQ社の経営指標を比較したのは、他社と比較しているのでベンチマーキングです。

　「3つのうちどれがお勧めなんですか？」

　「どれもお勧め、と言いたいけど、それじゃ答えになっていないね。敢えて1つだけと言われたら、この後に説明する勢分析かな」

　「どうしてですか？」

　「まず、ベンチマーキングは比較対象にする会社を見つけにくいという問題がある。たとえば、一口にワインの販売業者といっても、卸売りと小売りでは全然違うでしょ」

　「それもそうですね。小売りでも、店頭販売とインターネット販売ではかなり違うし。自社とよく似た比較できる会社って意外とないですね」

　「そもそも、日本では非上場会社だと決算書を公開していないケースが大半だから、決算書を入手できないという問題があるし」

　「そう言えばこの間、販売先M社の担当者に決算書を見せて欲しいとお願いしたら、思い切り拒否されました」

日本では、会社運営の規則を定めた会社法で、会社は決算書を作成するだけなく、決算書を公告（HPや官報に掲載）し、債権者など関係者から求められたら開示しなくてはいけない、と定められています。つまり、決算書の開示を拒否したら、会社法違反ということになり、罰則があります。

　ただ、現実には友井さんがコメントしたように、非上場会社の大半は決算書を非公開としています。これは、日本に存在する全会社350万社のうち上場会社はわずか3,756社（2021年3月末）で99.9％は非上場会社なので、いちいち取り締まるわけにもいかない、ということでしょう。

　「赤信号みんなで渡れば怖くない、ということですね」

　「そういうことになるかな」

　「で、予実分析の方は？」

　「予実分析は、菊菜さんには中期計画や年度予算を作って、毎期その達成度を分析して欲しいね。ただ、一般論で言うと、予実分析は経営者・マネジャーが事業管理のためにやるもので、良い会社と悪い会社を見分けるという点では、趨勢分析が最も役に立つんだ。当たり前だけど自社の決算書は入手できるし、趨勢分析によって自社の経営の問題点を把握することができるから、毎年欠かさずやってね」

3. 趨勢分析の留意点① 間を置く

「趨勢分析のポイントって何ですか？」

「趨勢分析をする際に、２つ注意事項がある。まず１つ目は、前年と比較するのではなく、３年前や５年前といった少し遠い過去と比較した方が良い」

　上場会社が決算発表のときに公表する決算短信や株主総会終了後に公表する有価証券報告書で、一般に前年対比で決算書を表示します。たしかに前年と比べて良くなったか、悪くなったかは、決算書を見る人にとって重大な関心事です。

　ただ、たった１年では大きな経営の趨勢（トレンド）を摑むことは難しいでしょう。３ないし５年経てば経営環境がかなり変化しているでしょうし、会社は長期的な経営戦略や中期経営計画を作って事業活動を進めていますから、その間に経営の趨勢や体質がどう変わったのかを大局的に把握することができます。

4．趨勢分析の留意点② 基準を設ける

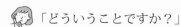「もう一つ大切なのは、売上高などの基準を設けて比較する
ことだよ」

「どういうことですか？」

「では、1つ目のポイントと合わせてラテールの例を使って
考えてみよう」

下は、ラテールの5年前と直前期の決算書の主要な数値です。
ラテールの業績のトレンドと経営の問題点を指摘してくださ
い。

	2016年3月期	2021年3月期
売上高	450	900
営業利益	60	100
総資産	150	360
売上債権	30	80
棚卸資産	30	70
固定資産	70	170
借入金	80	180
純資産	80	120

「売上高とか、すべての項目が増えてますね。でも、項目によって増え方に差があって……」

「この場合、倍率を計算して、売上高の伸び率と比較すると良いよ」

各項目の伸び率の計算結果は、以下の通りです。

	2016年3月期	2021年3月期	伸び率
売上高	450	900	2.0
営業利益	70	100	1.4
総資産	150	360	2.4
売上債権	30	80	2.7
棚卸資産	30	70	2.3
固定資産	70	170	2.4
借入金	80	180	2.3
純資産	80	120	1.5

　売上高は、5年前からちょうど2倍になっています。これを基準に他の項目を比較します。

　営業利益は増えていますが、伸び率は1.4倍と低く、薄利多売かコストをかけて拡販したことが推測されます。これまでの情報から、ラテールでは広告宣伝費や減価償却費が増えているようです。
　総資産が2.4倍、借入金が2.3倍になっており、借入によって投資をして積極的に拡大路線を採ってきたことが推測でき

ます。

　売上債権（売掛金・受取手形）が 2.7 倍と大幅に増加している
いるのは、不良債権が発生しているか、回収条件を緩和して
販売増加に努めていることが推測できます。

　棚卸資産の増加は、在庫管理がうまく行っていないか、販
売計画がずさんなのか、いずれにせよ、オペレーションが効
率的でない可能性を示しています。

　低収益のため、内部留保が蓄積されず、純資産（自己資本）
の伸び率も 1.5 倍と低くなっています。

　以上から、ラテールはやや強引な拡大路線に走っていると
言えましょう。売上も利益も増えていますが、健全な成長と
は言い難く、今後、投資や拡販策が功を奏するかどうか、注
意する必要がありそうです。

「たったこれだけの情報でも、売上高を基準に変化を比較す
　ると、いろいろなことがわかるんですね」

「そうだね。ただ、注意しなくてはいけないのは、以上の分
　析はあくまで数字から推測しただけで、正しいかどうかはわか
　らない。実際に正しいかどうかは、会社の内部の人にヒアリン
　グするなどして、確認する必要があるよ」

5. 決算発表報道の読み方

「ところで、新聞やテレビは、会社の決算発表を『増収増益の好決算だった』『減収減益に終わった』とかって報道するよね」

「そうですね。この間もテレビで『新型コロナウイルスの影響で今年は減収減益の会社が増えている』って言ってました」

「ちゃんとチェックしているね。ところで、減収の"収"って何？　減益の"益"って何？」

「収は収入、つまり売上高ですね」

「益は利益なんだけど、どの利益を意味している？」

　増収・減収の「収」は売上高、増益・減益の「益」とは利益で、それぞれが前年対比で増えたか、減ったか、ということです。このうち「益」がどの段階の利益を指すのかは、実は会社によってまちまちです。

　日本では昔から経常利益が最も代表的な利益なので、経常利益を意味する場合があります。ただ、経常利益は日本独自の利益概念であることから、近年、株主から見て最も大切な利益である当期純利益を指すケースが増えています。

また、当期純利益は特別損益や法人税の影響を強く受けるので、営業段階での実力を見るために営業利益を意味する場合も一部あるようです。ということで、各社で経常利益・当期純利益・営業利益をめいめい使っているのが現状です。

　過年度と比較した売上高・利益の増減は、次の4パターンです。

　　①増収増益　→ 健全な成長
　　②増収減益　→ 利益を伴わない拡大路線
　　③減収増益　→ リストラによる利益のねん出
　　④減収減益　→ 危険な状態

　もちろん、望ましいのは、①増収増益です。②③④の場合、経営改革を進める必要があります。

　ただ、①増収増益の場合でも、無理な拡大をすると、売上高収益率・資本収益率ともに低下し、健全な成長とは言えないという場合があります。ラテールの場合も、増収増益でしたが、危険な拡大路線でした。

　上の寸評はあくまで一般的な目安で、実態を細かく確認する必要があります。

6. 日本企業が成長意欲が低い？

「ところで、最初に戻るんですが、どうして日本では CAGR が無名なんですか？　計算が難しいからですか？」

「それよりも、そもそも日本企業は成長性を重視していないということだと思うよ」

「成長したいと思っていない？」

「そういう感じがしない？ ROE や自己資本比率の目標を掲げる会社はたくさんあるけど、CAGR の目標を掲げている会社って、あまり見たことない」

「言われてみればそうですね。でも、そもそも、会社って成長する必要あるんですか？」

「え、成長する必要ないってこと？」

「別に無理に背伸びして成長しなくても、安定的な事業をしてお客様に良い商品を提供し、従業員に雇用の場を提供できればいいのかなぁと……」

「ああ、そういう考え方をする経営者って多いよね、日本で

は。じゃあ、質問。安定しているけど成長せず、まったく給料が
増えないアルファ社と成長して給料がどんどん増えるベータ社、
菊菜さんが働くならどっち？」

「それはベータ社ですね」

「では、安定しているけど利益が増えず、株価が上がらない
アルファ社と利益が増えて株価が上がり続けるベータ社、菊菜
さんが投資するならどっち？」

「やっぱりベータ社ですね」

「でしょ。成長する会社には、人材、資金、情報が集まり、
さらに成長が加速する。成長しない会社からは、人材・資金が
流出し、さらに衰退する、という逆が起こるんだ」

「成長もせず、衰退もせず、安定した状態を続けるってダメ
なんですか？」

「良いか悪いかは別として、できるかできないかで言うと、
ヒト・モノ・カネ・情報がこれだけグローバルに行き交う時代
に、江戸時代の鎖国のように安定した状態を続けるって、ちょっ
と難しいんじゃないだろうか」

「成長するか、衰退するか、どちらかになるわけですね」

第6章のポイント

✓ 長期の成長性は複利で考える必要があり、CAGR で評価します。

✓ 比較分析には、他社と比較するベンチマーキング、自社の過去と比較する趨勢分析、予算・計画と比較する予実分析の3つがあります。「3比」と呼ぶこともあります。

✓ 趨勢分析では、3年前や5年前といった少し遠い過去と比較します。また、損益計算書・貸借対照表の主要項目の伸び率を計算し、売上高を基準に分析します。

✓ 過年度と比較した売上高（収）・利益（益）の増減には、「増収増益」「増収減益」「減収増益」「減収減益」の4パターンがあります。

第7章
効率性〈こうりつせい〉と
生産性〈せいさんせい〉

1. 効率性と生産性とは

「経営分析の最後に、効率性と成長性について考えてみよう。菊菜さんは、効率性・生産性って言葉をよく聞く？」

「会社にいた頃、野沢部長から『効率性を上げろ』『生産性を上げろ』ってよく言われました。テレビでも『日本企業の生産性は主要国で最低レベル』ってニュースでやっていました」

「そう、生産性は最近とくに注目されているよね。ここまで紹介した収益性・安全性・成長性は会社が活動したことによる結果、効率性・生産性はその原因と言えるんだ」

「良い会社になるには、効率性・生産性を上げなくてはいけないんですね」

「その通り。ここでクイズ」

効率性・生産性とはどういうことでしょうか。何が違うのでしょうか。

「えっ、違うんですか。野沢部長は同じような意味で使っていた気がしますが……」

効率性と生産性は、実務では同じような意味で使われたりしますが、少し違います。

　会社はヒト・モノ・カネ・情報といった経営資源を調達し、それを運用するという活動をします。経営資源の調達にはコストがかかりますから、事業活動に必要な経営資源を調達し、無駄なく活用することが大切です。経営資源が無駄なく活用されているかどうかを見るのが効率性です。

　一方、生産性は投入（input）した経営資源に対しどれだけ売上高・利益などの産出（output）を得られているかで、ずばり次の算式です。

$$生産性　=　\frac{産出（Output）}{投入（Input）}$$

　効率性が経営資源の投入（input）を中心に考えるのに対し、生産性は産出（output）も合わせて考えることから、生産性の方が幅広い概念であると言えます。

2. 効率性の経営指標

「では、効率性の指標から説明しよう」

　会社全体の効率性を総合的に見る指標が、総資産回転率です。

$$総資産回転率 \ = \ \frac{売上高}{総資産}$$

　総資産回転率は、「％」あるいは「回」で表示します。回というのは、売上高を上げるのに総資産を何回使ったか、総資産が何回転したか、という意味です。

　総資産は事業活動に使用するすべての資産ですから、できるだけ少ない総資産で売上高を確保できるのが効率的な状態です。総資産回転率は、値が大きいほど効率的です。

　総資産は、受取債権・棚卸資産・有形固定資産などいろいろな資産で構成されます。それぞれの資産について、次のような効率性の指標があります。

$$売上債権回転日数 \ = \ \frac{売上債権}{売上高} \ \times \ 365$$

売上債権は得意先との通常の営業取引によって発生した債権で、受取手形と売掛金の合計です。売上債権を得意先から代金回収するまで会社が運転資金を負担しますから、売上債権回転日数は短いほど好ましいと言えます。

$$\text{棚卸資産回転日数} \ = \ \frac{\text{棚卸資産}}{\text{売上原価}} \ \times \ 365$$

　棚卸資産は、会社が販売目的で保有する資産（商品、製品）およびそうした資産を製造するために必要な資産（原材料、仕掛品）などの総称です（P65）。売上原価とは、財・サービスを生み出すために直接必要としたコストの合計です。

　なお、棚卸資産回転日数の計算で、売上原価の代わりに売上高を使って計算する場合もありますが、貸借対照表の棚卸資産は販売前の原価ベースで計上されているので、売上原価を使うのが適切です。

　棚卸資産を会社に保有している間、会社は運転資金を負担します。したがって、棚卸資産回転日数は（売上債権回転日数と同様）短いほど好ましいと言えます。

$$有形固定資産回転日数 \ = \ \frac{有形固定資産}{売上高} \ \times \ 365$$

　有形固定資産は、土地・建物・機械・装置など物理的な実態・形のある資産です。

　少ない有形固定資産で売上を生み出した方が良いわけで、有形固定資産回転日数は短い方が好ましいと言えます。

$$仕入債務回転日数 \ = \ \frac{仕入債務}{売上原価} \ \times \ 365$$

　仕入債務は、商品・サービス・材料などを購入することによって発生する支払い義務のことで、支払手形・買掛金の合計です。この指標も、棚卸資産回転日数と同じように、売上原価を使って算定します。

　仕入債務は支払の猶予であり、支払いまでの間、運転資金の負担が軽減されます。したがって、仕入債務回転日数は、長い方が好ましいと言えます。

　なお、売上債権回転日数・棚卸資産回転日数・有形固定資産回転日数・仕入債務回転日数は、日数に代えて月数を計算

する場合もあります。「× 365」の部分を「× 12」に変えれば回転月数になります。

　また、回転日数ではなく、総資産回転率と同じく「率」を計算する場合もあります。率の計算式は、それぞれ以下のようになります。

$$売上債権回転率 \ = \ \frac{売上高}{売上債権}$$

$$棚卸資産回転率 \ = \ \frac{売上原価}{棚卸資産}$$

$$有形固定資産回転率 \ = \ \frac{売上高}{有形固定資産}$$

$$仕入債務回転率 \ = \ \frac{売上原価}{仕入債務}$$

3．効率性の指標の計算と分析

👦「では、紹介した指標を計算して、ラテールの効率性を分析
してみようか」

下はラテールとライバルQ社の決算書から抜粋したデー
タです。
総資産回転率、売上債権回転日数、棚卸資産回転日数、
仕入債務回転日数を計算し、両社の収益性を分析してく
ださい。

	ラテール	Q社
売上高	900	500
売上原価	550	320
総資産	360	180
売上債権	80	40
棚卸資産	70	30
有形固定資産	140	60
仕入債務	50	40

👧「数字はこんな感じですか。仕入債務回転日数は×というこ
とで大丈夫ですよね」

	ラテール	Q社	差異	優劣
総資産回転率（回）	2.5	2.8	▲0.3	×
売上債権回転日数（日）	32.4	29.2	3.2	×
棚卸資産回転日数（日）	46.5	34.2	12.3	×
有形固定資産回転率（回）	6.4	8.3	▲1.9	×
仕入債務回転日数（日）	33.2	45.6	▲12.4	×

＊優劣は、ラテールが優れている場合は ○、劣っている場合は ×

「正解。一般的に支払いは遅い方が資金的には助かるから、仕入債務回転日数は短い方が悪いということで大丈夫だよ」

「それにしても、ラテールは効率性が悪いですね。ビックリです」

「ビジネスのどこに問題があるのだろう？」

「店舗はオシャレだし、品揃えも豊富で、ファンの間では評判が良いんですけどね。でもこうして考えてみると、無駄に店舗が豪華だし、無駄に在庫が多いし……」

「そうやって数字の裏側にあるストーリーを読み、原因を探ることが経営分析の意義であり、おもしろみでもあるんだ」

4. CCC は大注目の経営指標

「いま菊菜さんが言ったことをまとめた経営指標が、キャッシュ・コンバージョン・サイクル、略して CCC（トリプルシー）だ」

「聞いたことありません。有名なんですか？」

「日本では、まだそんなに有名じゃない」

「でも、世界的には有名（笑）」

「その通り（笑）近年、世界的に大注目の指標だよ」

　短期のオペレーションの効率性を見る上で、便利な指標が **CCC**（Cash Conversion Cycle）です。

　計算式は以下の通りです。

CCC ＝ 売上債権回転日数 ＋ 棚卸資産回転日数
　　　　－ 仕入債務回転日数

　会社の短期のオペレーションは、材料・部品・商品などを購入し、加工して顧客に引き渡すまで在庫として保有し、製品を販売し、販売代金を回収する、というプロセスで展開します。

先ほどの繰り返しですが、商品・サービス・材料などの代金は通常、「購入月の翌月末払い」といった形で掛けで仕入れるので、仕入債務回転日数の期間は支払いが繰り延べられます。

　材料・部品・商品などを仕入れてから、加工して（卸売業・小売業では加工はありません）、販売して顧客に引き渡すまで、会社は棚卸資産回転日数の期間の資金を負担します。
　商品・製品などを普通は掛けで販売をするので、販売代金の入金があるまで、売上債権回転日数の期間の資金を負担します。
　つまり、CCCは、会社のオペレーションにおいて実質的に資金を負担する日数を表しているのです。この日数が短いほど、効率的にオペレーションを運営していることになります。

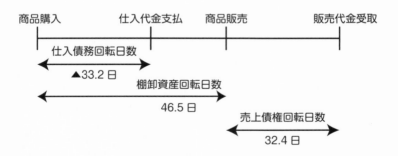

前頁の図はラテールの各数字を当てはめたものです。

この図からラテールの CCC を算定すると下記の通りです。

CCC ＝ 売上債権回転日数 32.4 ＋ 棚卸資産回転日数 46.5
　　　 － 支払債務回転日数 33.2
　　　 ＝ 45.7 日

　ちなみに Q 社は 17.8 日で、ラテールの方が 27.9 日長く
なっています。棚卸資産（商品）の回転が悪いことと仕入代
金の支払い条件が悪いことが効率を悪化させています。

　製造業や卸売業では、通常 CCC の数値はプラス、つまり
資金負担が発生します。ただし、現金取引の小売業では、売
上債権回転日数が短いので、マイナスになることがあります。
また、同じ業種でも国内と海外で値が大きく異なったります。

　CCC を時系列で分析したり、同業他社と比較したりする
ことで、オペレーションの効率化が進んでいるかどうかを把
握することができます。

5．生産性の経営指標

😊 「最後に、生産性。日本企業の一番の弱点と言われてい
るところだよ」

　生産性の最も代表的な指標が**付加価値生産性**（労働生産性
と呼ぶこともあります）です。代表的なインプットとして従
業員数、代表的なアウトプットとして付加価値を使います。

$$付加価値生産性 \ = \ \frac{付加価値}{従業員数}$$

　ここで**付加価値**とは、会社が事業活動を通して生み出し
た価値のことです。加工を行わない小売業・卸売業の場合、
損益計算書の売上総利益に等しいですが、製造業は加工を行
うので、以下の日銀方式や中小企業庁方式で算出します。他
にも経済産業省方式など、省庁ごとの方式があり、「いろん
な計算方法がある」という程度の認識で結構です。

〔日銀方式〕
付加価値　＝　経常利益＋人件費＋金融費用＋租税公課＋
　　　　　　　減価償却費＋賃借料
〔中小企業庁方式〕
付加価値（加工高）＝　生産高－外部購入価額

ちなみに、一国で生まれた付加価値を合計したのが **GDP**（Gross Domestic Products、国内総生産）です。

　一般に公開されている損益計算書では、日銀方式の人件費・租税公課・減価償却費、中小企業庁方式の生産高・外部購入価額はわかりません。したがって、こうした付加価値の分析は、自社内部の管理のために用いられることが多いと言えます。

　では、付加価値を増やすにはどうすればいいのでしょうか。付加価値生産性を次のように分解することができます。

$$付加価値生産性 = \frac{付加価値}{従業員数}$$

$$= \underbrace{\frac{付加価値}{売上高}}_{付加価値率} \times \underbrace{\frac{売上高}{有形固定資産}}_{有形固定資産回転率} \times \underbrace{\frac{有形固定資産}{従業員数}}_{労働装備率}$$

　つまり、売上単価アップあるいはコストダウン（→付加価値率）、資産効率の改善（→有形固定資産回転率）、設備投資・人員の削減（→労働装備率）といった方法で総合的に生産性を上げることができます。

付加価値生産性は、とくに製造業では重視される経営指標ですが、付加価値の算定がやや面倒なので、次のような指標で代用することがあります。

$$一人当たり売上高　=　\frac{売上高}{従業員数}$$

$$一人当たり売上高総利益　=　\frac{付加価値}{従業員数}$$

$$一人当たり営業利益　=　\frac{営業利益}{従業員数}$$

　もちろん、以上のすべての指標は、値が大きいほど生産性が高いことを意味します。

6．労働集約型か、資本集約型か？

　先ほど、付加価値生産性の指標の分解で出てきた労働装備率について、少し補足しましょう。

$$労働装備率　=　\frac{有形固定資産}{従業員数}$$

　労働装備率は一人当たり有形固定資産ということになります。有形固定資産とは設備あるいは「資本」、従業員数とは「労働」です。マルクス経済学で言われるように、付加価値の源泉は大まかに言うと、資本か労働のどちらか＝機械を使うか労働者を使うかです。労働装備率が大きい事業を資本集約型、小さい事業を労働集約型と言います。

　事業にはいろいろなやり方がありますが、たいていの場合、労働集約型からスタートします。しかし、従業員がそれぞれのやり方で業務をしていると生産性が低いので、業務を標準化しようとします。標準化が進むと、それを機械やコンピューターにやらせようという話になります。機械などへの設備投資が行われ労働者が減り、資本集約型へと転換していきます。

　つまり、労働と資本は代替の関係にあり、労働装備率の推移を見ると、労働と資本の代替がどれだけ進んでいるかがわかるのです。

7. 経営者・労働組合は労働分配率に注目

　ところで、生み出した付加価値のうち、どれだけ労働者に分配されるかが、経営者や労働者・労働組合にとって重大な関心ごとです。

　これを計測するのが**労働分配率**です。

$$労働分配率 \quad = \quad \frac{人件費}{付加価値}$$

　経営者と労働組合は、労働分配率をめぐって交渉しています。毎年、春闘の季節になると労働分配率がよく話題になるので、確認してみるといいでしょう。

「労働分配率ってだいたい何パーセントくらいなんですか？」

「何パーセントくらいだと思う？」

「ええと、10％くらいですか」

「ブー！　日本も含めて先進国では50％以上。日本でも60％とかだよ（統計によって大きな差がありますが）」

「え、半分以上も労働者に分配されているんですか。かなり意外です」

「ついでにクイズ」

労働分配率は、景気が良いときには上がるでしょうか、下がるでしょうか。景気が悪いときには上がるでしょうか、下がるでしょうか。

「ええと、景気が良いときには給料が増えるから労働分配率が上がる、景気が悪いときには給料が減るから下がる、です」

「ブー。今日は調子悪いね（笑）逆で、景気が良いときには労働分配率は下がる、景気が悪いときには上がるんだ」

「どうしてですか？」

「景気が良くなると、付加価値がグンと増える。ところが、給料って、賃上げは年に1度とかなので、景気が良くなってもすぐには大きく増えない。だから、労働分配率は50％とかに下がるんだ。逆に景気が悪くなると、付加価値はガクンと減るけど、給料はすぐには減らない。だから、労働分配率は70％とかに上がるんだよ」

「なるほどです」

8. 生産性の指標の計算と分析

 「では、生産性の指標を計算し、分析してみよう」

下はラテールとライバルQ社の決算書から抜粋したデータです（単位・百万円）。付加価値生産性・一人当たり売上高・労働装備率・労働分配率を計算し、両社の生産性を分析してください。なお、両社とも卸売業・小売業なので、売上総利益を付加価値としてください。

	ラテール	Q社
付加価値（売上総利益）	350	180
従業員数	300	200
売上高	900	500
営業利益	100	80
有形固定資産	140	60
人件費	190	120

＊従業員数の単位は「人」。パートは6時間勤務で1人換算

計算結果は以下の通りです。

	ラテール	Q社	差異	優劣
付加価値生産性（百万円）	1.17	0.90	0.27	○
一人当たり売上高（百万円）	3.00	2.50	0.50	○
一人当たり営業利益（百万円）	0.33	0.40	▲0.07	×
労働装備率（百万円）	0.47	0.30	0.17	○
労働分配率（%）	54.3	66.7	▲12.4	?

＊優劣は、ラテールが優れている場合は ○、劣っている場合は ×

「労働分配率って、高い方が良いんですか、低い方が良いんですか？」

「これは微妙な問題だね。会社にとっては、低い方が人件費が抑えられて良い、って一般には言われている。でも、人件費が低い会社は働く人にとって魅力が乏しいので、あまり優秀な人材が集まらないわけだし……」

「高すぎるのも低すぎるのも良くないんですね」

「そういうことになるね。で、生産性についてはラテールの方が数字が良いんだけど、どう分析する？」

「ラテールの方が生産性が高いってことではダメなんですか？」

「たしかに生産性が高いことは事実だけれど、それが良いことかどうかは……。指標からは、事業のスタイルの違いがわかる程度じゃないだろうか」

生産性の指標から、ラテールは資本集約型、Q社は労働集約型という違いがわかります。

　ラテールは、付加価値生産性や労働装備率が高く、豪華な店舗・施設で高級品を中心に付加価値の高い商売をしていることがうかがえます。ただ、一人当たり営業利益や収益性の指標で劣っている通り、コスト高で生産性の高さが利益に結びついていません。

　一方のQ社は、付加価値生産性や労働装備率が低いことから、ほどほどの店舗で人手を掛けて中級品を丁寧に売っています。付加価値は低いものの、人件費以外のコストを抑制して、利益を上げています。

　利益に結びついているかどうかという点ではQ社の方が優れていますが、事業のやり方が違うという以上のことは言えません。

「いままで、ラテールの高級感のある店舗と豊富な品揃えを気に入っていましたが、ワイン初級者には、Q社のように店員から丁寧に説明してもらえる方がいいかもしれませんね。ラテールのこと、Q社のこと、少し考え直しました」

「そういうふうに数字からビジネスの見方が変わるというのは、素晴らしいことだと思うよ」

9．経営指標は繋がっている

「ところで、最初に戻るんですが、効率性と生産性が良い会社の"原因"、という点について、少し教えてもらえませんか」

「そうだね。ここまでのまとめも兼ねて、ちょっと整理してみようか」

　第5章から第7章で紹介した経営指標は、バラバラではなく、相互に関連しています。

　生産性、たとえば1人当たり売上高が上がると、売上高が増えて成長性が高まります（①）。また人件費などコストが抑えられて、収益性が上がります（②）。

　成長性が高まると、規模の経済性などの効果で収益性が高まります（③）。**規模の経済性**とは、売上高などの事業規模が拡大すると大量仕入れで単価が落ちるなど、コストが削減されるという経済学の概念です。

　効率性、たとえばCCCが短縮されると、在庫費用や支払利息が減って収益性が上がります（④）。棚卸資産や売上債権が減って総資産が減り、安全性が上がります（⑤）。

　収益性が上がると、内部留保が増えて安全性が上がります（⑥）。

以上の原因と結果の関係を「原因→結果」と表示すると、図のようになります。

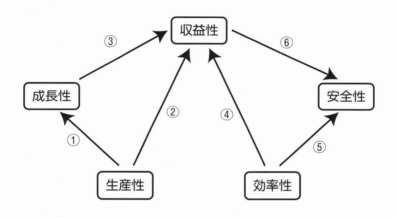

「なんだか複雑だけど、いろんな指標が相互に関連していることはよく理解できました」

「その程度の認識で十分だよ」

第 7 章のポイント

✓ 効率性は経営資源が無駄なく使われているかどうか、生産性は産出（Input）÷投入（Output）です。

✓ 効率性は、総資産回転率、売上債権回転日数、棚卸資産回転日数、有形固定資産回転日数、仕入債務回転日数などで計測します。

✓ また、近年、CCC が注目を集めています。

✓ 生産性を代表する指標が付加価値生産性です。付加価値とは産出額と外部購入額の差額です。この他、一人当たり売上高や一人当たり営業利益率などで生産性を計測します。

✓ 労働装備率が高い事業を資本集約型、低い事業を労働集約型と呼びます。

✓ 収益性・成長性・安全性・効率性・生産性の指標はバラバラでなく、繋がっています。

第8章
良い会社と悪い会社の分岐点

1．利害関係者によって重視する経営指標は異なる

「さて、今日で最終回。ここまで、決算書と経営指標について色々と紹介してきたんだけど、だいたい理解できたかな？」

「はい、ばっちり（笑）」

「お、それは素晴らしい！　じゃあ今日は、少し発展的な話をしようか」

「え、大丈夫かな（笑）」

「ばっちりじゃないの（笑）まあ、そんなに難しい話じゃないから。まず、復習も兼ねてクイズ」

P79のA社とC社が再び登場です（B社は割愛）。
どちらが良い会社、どちらが悪い会社でしょうか。

A社

流動資産 50	流動負債 90
固定資産 50	純資産 10

C社

流動資産 50	流動負債 10
固定資産 50	純資産 90

「B社は抜きですか（笑）。左右がバランスしているB社が標準的ってことだったから、どっちもどっちじゃないんですか」

「どっちもどっちというのは、その通り。ただ、それぞれの人が置かれた立場で答えは違うと思うよ」

　会社に関係する人・組織のことを**ステークホルダー**（stake-holders、利害関係者）と言います。代表的なステークホルダーとして、株主・銀行・仕入先・従業員・顧客・政府などがあります。

　それぞれがA社とC社をどう捉えるかを確認しましょう。

＜株主＞

　株主はA社を「良い会社」と考えます。株主は他のステークホルダーが優先的に収益の分配を受け、残った当期純利益を制限なくすべて受け取ることから、ROEを重視します。

　左側の資産が生み出す利益がA社とC社で同じだとすれば、ROEは、分母の純資産が小さいA社の方が高まります。株主にとっては、たった10の資本を出すだけで大きな分配を得られるA社の方が魅力的です。

　なお、経営者は株主に代わって経営を担う立場なので、高い収益性を実現して株主に報いようとします。経営者にとってもA社が良い会社ということになります。

<債権者>

銀行・仕入先といった債権者にとっては、C社が「良い会社」です。債権者は、収益の分配でも財産の分配でも、株主に優先して受け取る代わりに受け取る額があらかじめ決まっています。会社がリスクを取って投資をして大儲けをしても、余計に儲かった分は株主に分配されます。

それよりも債権者は、自分が貸した資金が安全確実に戻ってくることを重視します。よって自己資本比率が90％と安全性が高いC社を好みます。

<従業員>

従業員の見方は分かれます。従業員は、会社で働いて収入を得ています。その会社が倒産して職を失っては困るので、一般的には安全性が高いC社で働くことを望みます。

ただし、最近は転職が容易になっており、「うちの会社は危ないぞ」と思ったら、さっさと転職して逃げることができます。安定している代わりに収益性が低く給料が安い（であろう）C社よりも、A社で大きく稼ごうという従業員が増えているかもしれません。

なお、従業員（労働組合）は労働分配率を重視しますが、この貸借対照表からは分配の状況はわかりません。

「なるほど。株主・債権者・従業員では、まさに利害が対立するということですね」

「そういうこと。まあ、トヨタみたいにすべてのステークホルダーを満足させているという超優良企業もあるけど、日本では、どのステークホルダーも満足させることができていない、残念な会社が多いんだ」

「厳しいコメントですね」

「まあ、現実を直視すると、厳しいコメントになるね。全国の法人に占める欠損法人（所得が赤字）の割合がなんと６割を超えているんだよ」

「へえ、そうなんですか。半分以上の会社が赤字って、たしかに異常ですね」

2．突然死する会社と粉飾決算

「発展的な話その2。粉飾決算という問題について考えてみよう」

「粉飾決算って、何やら犯罪的なにおいがしますね」

「においどころか詐欺や脱税に直結して、犯罪そのものなんだけど（笑）。それはともかくクイズ。これはちょっと難問だよ」

下は、最近倒産したある会社の5年前と直前期の損益計算書・貸借対照表の要旨です（わかりやすく数字を丸めています）。

この会社は業績の悪化に対応して粉飾決算をしていましたが、最終的に発覚しました。どのような粉飾をしていたのでしょうか。

	2016年3月期	2021年3月期
売上高	200	200
売上総利益	80	80
当期純利益	10	10
総資産	100	130
売上債権	20	20
棚卸資産	30	60
固定資産	30	30
純資産	50	50

「利益は出ていますね。売上も利益も横ばいで……」

「こういう場合、どう分析するんだっけ?」

「あ、趨勢分析をしなくちゃいけませんね」

　会社の事業のトレンドを知るには、趨勢分析（P136）を
します。損益計算書・貸借対照表の5年前との倍率を計算す
ると、以下の通りです。

	2016年3月期	2021年3月期	伸び率
売上高	200	200	1.0
売上総利益	80	80	1.0
当期純利益	10	10	1.0
総資産	100	130	1.3
売上債権	20	20	1.0
棚卸資産	30	60	2.0
固定資産	30	30	1.0
純資産	50	50	1.0

　5年前と比べて変化しているのは、棚卸資産が2.0倍、総
資産が1.3倍に増えていることです。これがどう粉飾決算と
関係しているのでしょうか。

　まず売上原価は、以下の式で計算できます。

売上原価 ＝ 期首棚卸高 ＋ 期中仕入額 － 期末棚卸高

これを「売上総利益 ＝ 売上高 － 売上原価」に代入すると、

売上総利益 ＝ 売上高 －（期首棚卸高 ＋ 期中仕入額
　　　　－ 期末棚卸高）

　つまり、期末棚卸高を操作して実際よりも水増しすれば、利益が増えます。この会社の 2021 年 3 月期は、売上高 200、期首棚卸高 30、期中仕入額 150、実際の期末棚卸高 30 だったとします。売上総利益は 50 です。

売上総利益 ＝ 売上高 200 －（期首棚卸高 30
　　　　＋期中仕入額 150 －期末棚卸高 30）
　　　　＝ 50

　ここで、在庫の記録を操作し、30 増やして 60 にすれば、売上総利益は 80 になります。

売上総利益 ＝ 売上高 200 －（期首棚卸高 30
　　　　＋期中仕入 150 －期末棚卸高 60）
　　　　＝ 80

　在庫を 30 水増ししたことで、利益が実際よりも 30 かさ上げされたわけです。

「なるほど、在庫の記録をちょちょっと変えれば、打ち出の小槌のように利益が増えるんですね！」

「そうなんだけど、打ち出の小槌かどうかは……。ここに1つ問題があってね」

「問題？」

「この期はそれで"良かった良かった"なんだけど、その次の期はどうなるかな？　翌期の棚卸資産は？」

「ああ、そうか。期末の棚卸高が翌期の期首棚卸高になるから、翌期は実際の額よりも大きな額になる……」

「すると？」

「さっきの計算式から翌期の売上総利益は実際よりも小さくなってしまいますね」

「そうなんだ。翌期も粉飾して同じ額の利益をかさ上げしようとすると、さらに期末棚卸高が増える。そしてさらに翌期も、と粉飾を続けていると、棚卸資産だけが不自然にどんどん膨らんで行く……」

「いつかは粉飾がバレちゃいますね」

「そうだね。結局、粉飾はあくまで粉飾。その場しのぎにはなっても、会社の経営状態が良くなるわけじゃないからね」

3．決算書ではわからないこともある

😊「としたら、決算書を注意深く分析すれば、粉飾決算を見破れるということですか？」

😊「うーん、それはなかなか微妙だね」

😊「微妙と言いますと？」

😊「いま紹介したのは、決算書を分析すれば見破れたという例だ。実際のところ、取引先の月次決算書を毎月入手して分析すれば、たいていの粉飾決算は見破れると思うよ。でも、決算書からは見破れない粉飾もいろいろとあるんだ」

　世間で最も広く行われているのは、「売上を抜く」という粉飾です。これは会計上の粉飾というより、脱税という犯罪そのものです。

　たとえば小売店で客から現金で受け取った売上代金をレジに入れずにそのままポケットに入れれば、売上は減って、利益が減ります。利益≒所得が減れば、税務署に払う税金（法人税など）を減らせます。

　先ほどの「在庫の水増し」による粉飾は利益を増やすため

に行われるのに対し、「売上を抜く」という粉飾は利益を減らすために行われるので、逆粉飾と呼んだりします。

　もちろん、税務署は税収が減っては困るので、とくに現金取引が多い業種には厳しく目を光らせています。脱税行為には35％割り増しの重加算税という重いペナルティが課されます。100万円の納税額だとしたら、35万円の重加算税を追加で払うことになるわけです。

「なるほど、決算書だけではわからないこともたくさんあるんですね」

「そう、そこが大切なところだ。よく『決算書を見れば会社のすべてがわかる！』と豪語する専門家がいるけど、そんなことはない。決算書以外にも大切な情報がたくさんあるし、粉飾するつもりはなくても決算書が正確に作られていないということも多いしね」

4．決算書ではわからないこと① － ESG －

「決算書ではわからないことって、もう少し詳しく教えて
もらえませんか」

「わかった。決算書の限界として、過去のデータにすぎない、
定量化できるデータだけを扱っているにすぎない、ってよく指
摘される。もう少し詳しく、2つのことを紹介しよう」

　決算書に表れない会社情報のことを**非財務情報**と言いま
す。中でも、近年世界的に重要視されるようになっているの
が、ESG です。
　ESG は、Environment・Social Responsibility・
Governance の略です。

● **Environment**（環境）：二酸化炭素や汚染水の排
出といった地球環境問題に配慮し、環境と調和した
事業活動をすること。
● **Social Responsibility**（社会的責任）：人権、従
業員の健康、地域のコミュニティなどに配慮し、社
会と共生する事業を活動を行うこと。
● **Governance**（ガバナンス）：法令遵守・リスク
管理に努め、企業価値を増加させること。

よく利益を上げるために ESG をおろそかにする会社があります。そういう会社は、短期的には利益を上げられるかもしれませんが、利害関係者と対立し、長期的には事業運営が行き詰まってしまいます。

　いま多くの会社が長期的に持続可能な経営目標である**SDGs**（Sustainable Development Goals、持続可能な開発目標）を掲げて、その実現のために ESG に取り組んでいます。

　そして、取り組み状況と成果を「ESG レポート」といった報告書にまとめて決算時などに公開するようになっています。

　決算書と言えば、これまで損益計算書・貸借対照表・キャッシュフロー計算書という財務情報でしたが、大きく見直す時期に来ていると言えるでしょう。

5．決算書ではわからないこと②－競争力－

「もう一つ、私たちが決算書を見てわかるのは、会社が良い、悪いという結果にすぎないんだ」

「収益性・安全性・成長性が結果でしたね」

「そう、ちゃんと覚えているね。その結果を生み出す原因の大半は、決算書に表れない。とくに、会社が発展する原因となる競争力は、最も知りたいことなのに、決算書を分析しても見えない」

　トヨタとファーストリテイリングは、日本を代表する優良企業と言われています。このことは、収益性・安全性・成長性の経営指標を計算すれば、簡単に確かめることができます。
　では、トヨタとファーストリテイリングが優良企業になった「原因」は何でしょうか。
　トヨタの場合、よく指摘されるのはトヨタ生産方式です。ただ、トヨタ生産方式と一言で言っても、在庫を持たないカンバン方式、必要なときに必要なものを作る限量生産、不具合に対応するアンドンなど独特のノウハウの集合体です。
　その効果は棚卸資産回転日数（P149）などの数字に表れますが、その内容や他社と比べて競争力がどこにあるのか、

といった本質的なことは数字からはわかりません。

　ファーストリテイリングの場合、設計・調達・製造・物流・販売というプロセスのすべてを統合的に管理するSPAという仕組みが他のアパレル会社との最大の違いだと言われます。また、柳井正代表取締役会長兼社長の強力なリーダーシップが成功要因であることは疑いありません。

　SPAの効果は売上高総利益率（P104）や付加価値生産性（P157）の高さなどに表れますが、やはり本質的なことまではわかりません。ましてリーダーシップの価値は、決算書のどこを見ても情報はありません。

　つまり、決算書を見て、経営指標を計算し、他社と比較すれば、良い会社か、悪い会社かはだいたいわかります。しかし、なぜ良い会社・悪い会社になったのか、という原因は表面的なことしかわからないのです。

「ここまでいろいろと学んできたのに表面的なことしかわかっていないとなると、ちょっと力が抜けます……」

「いや、気を落とさず。表面的ではあっても、重要な第一歩なんだから」

「第一歩ですか？」

「良い会社を探す第一歩という意味だよ」

6．KFS を知る

「たとえば、縁起でもない話だけど、菊菜さんの店がうまく
いかなくて、あきらめて就職先を探すとしたら、どうやって探
す？」

「縁起でもないですね（笑）。ええと、テレビでよく見かけ
る会社に勘で決めます。ではダメですね（笑)」

「ダメですねぇ」

「まず、会社四季報とか新聞を読んで目ぼしい会社を見つけ
ます。そして、決算書を使って分析します」

「そうですね。良い会社か、悪い会社かわかった。で、そこ
から先は？」

「将来も良い会社であり続けるかどうかを知るには、深い理
由を知りたいですね」

「そこだね」

決算書を使って収益性・安全性・成長性の経営指標を計算するだけでは、良い状態、悪い状態が一時的なものなのか、今後も続くものなのか、よくわかりません。

　大きな利益を計上したという会社でも、昔から保有していた土地を売却して固定資産売却益を計上しただけかもしれません。これは、１回限りの利益です。従業員の給料を大幅に下げて利益を確保した場合、従業員のモチベーションが下がって長期的にはマイナスになってしまうかもしれません。

　逆に大きな赤字を計上した会社でも、価格が下がっていた上場株式を損切りしたのかもしれません。不採算な新規事業を廃止して特別損失を出したなら、長期的にはむしろ会社の体質が改善されてプラスになるかもしれません。

　そこで、黒字・赤字になった原因を探ります。これは、実際に会社の関係者に聞くなどします。そのとき大切なのが、KFSを探ることです。

　一時的な成功はともかく、経営が長期的にうまく行くとき、必ず何らかのカギになる成功要因があります。これを**KFS**（Key Factors for Success、重要成功要因）と呼びます。

　先ほどの例に戻ると、トヨタのKFSはトヨタ生産方式、ファーストリテイリングのKFSはSPAや柳井正氏のリーダーシップということになります。

7．SWOT 分析

「ここで、会社の内部的な要因を探るだけでなく、外部の要因も探る。そして、その結果を SWOT にまとめるといいよ」

「SWOT って聞いたことあるけど、大切なんですか？」

「企業経営では色んなフレームワークを使うんだけど、最も大切なのが SWOT だよ」

　KFS というと、経営者のリーダーシップや優れた技術といった内部要因に注目が集まります。しかし、会社を取り巻く外部の要因にも注目したいところです。

　ファーストリテイリングは、1963 年に創業し、柳井正氏が 1984 年に社長に就任しました。そのファーストリテイリングが 1990 年代後半から急成長したのは、当時日本ではデフレ不況、所得低下が進んだことで、低価格のユニクロが消費者に受け入れられたという外部要因が大きかったと言えるでしょう。

　このように、KFS には内部的なものと外部的なものがあります。それが合わさると、会社は飛躍的に発展します。

　ここで、内部的な KFS は会社が持つ強み（Strength）、外部的な KFS は会社にとっての機会（Opportunity）と言えます。

　会社の経営環境には、内部の強みと弱み（Weakness）、外

部の機会と脅威（Threat）があり、これをまとめたのが、頭文字をとって **SWOT分析** です。

会社は、まずSWOT分析し、以下の4つの視点から戦略・計画を作ります。

●強み（Strength）を生かす
●弱み（Weakness）を克服する
●機会（Opportunity）を捉える
●脅威（Threat）に対処する

「一般に、決算書から経営指標を計算して会社の状態を把握することを経営分析って言うんだけど、ちょっと表現が不適切だよね。ここまで説明した通り、非財務情報を含めて幅広く分析することが大切だと思うよ」

「その通りですね。私は勢いだけでワインショップを始めたけど、まずSWOT分析をするべきでした」

「いや、いまからでもまったく遅くない。是非ともやってみて。あと、1回やって終わりでなく、毎年見直すといいよ」

「わかりました。今週末、じっくり検討してみます！」

「私からお伝えしたかった決算書と経営分析の基本は以上でおしまいだ。だいたい理解できたかな」

「はい、ありがとうございました。あと、色々とお話を聴いて、会計のことや企業経営のことをもっともっと勉強してみたいと思いました」

「あ、それは大切なことだね。よく『本に書かれていることと現実は違う、勉強よりも実践あるのみ』って言う人がいるけど、そんなことはない。ビジネスで成功している人はたいていしっかり勉強しているものなんだ」

「そうなんですか」

「たとえば先ほど出てきたファーストリテイリングの柳井正さんは、いま日本で一番のお金持ちなんだけど、大成功を収めたいまでも、毎晩真っ直ぐ自宅に帰って1日1冊を目標に読書している。そして、本から得られたヒントを翌日会社で試してみるということをずっと続けているんだ」

「なるほど。勉強ってやっぱり大切なんですね。会計については、何を勉強すればいいんですか?」

「いろいろあるんだけど、一言で言うと管理会計だね」

　本書で紹介した、取引を記録して決算書を作成する作業を**財務会計**（ざいむかいけい）と言います。それに対して**管理会計**（かんりかいけい）は、会計データを使って事業を管理する手続きのことを言います。

　行き当たりばったりで事業を運営してはダメで、計画を

作って、実行し、進捗を管理することが必要です。このプロセスが PDCA です。**PDCA** は、Plan（計画）→ Do（実行）→ Check（評価）→ Act（改善）の略で、管理会計とは、数字を使って PDCA を回すことだと言い換えることができます。管理会計では、具体的には以下のようなことを扱います。

●予算管理と業績評価

損益・投資などの予算をどう作るか、実行した成果をどう評価し、改善するかという管理

●損益分岐点分析

どれだけ販売したら損益分岐点（利益ゼロ）を超えて利益を出すことができるかという分析

●投資採算分析

投資が効果を生み、企業価値を高めることができているかという分析

「他にもいろいろとあるけど、どんどん勉強して、事業を成功させてね」

「はい、頑張ります！　ここまでいろいろと教えてくださってありがとうございました」

「どういたしまして。私も楽しかったですよ。では、ZOOM 飲みで申し訳ないけど、菊菜さんの成功を祈って乾杯！」

「乾杯！」

第8章のポイント

✓ 株主・銀行・仕入先・従業員といったステークホルダー が置かれた立場によって、良い会社は異なります。

✓ 粉飾が行われており、決算書が会社の正しい姿を伝えていない可能性があります。

✓ 決算書に表れない会社情報のことを非財務情報と言い、近年、ESG（Environment・Social Responsibility・Governance）が世界的に重要視されています。

✓ 決算書に表れるのは良い・悪いという結果で、原因はわかりません。SWOT 分析から KFS を探り、会社の競争力を確認する必要があります。

✓ 本書で扱ったのは財務会計。会計データを使って事業を管理する管理会計という領域もあります。

日沖健（ひおきたけし）

日沖コンサルティング事務所・代表、産業能率大学・講師、中小企業大学校・講師。

1965年愛知県生まれ。慶応義塾大学・商学部卒、Arthur D. Little 経営大学院修了・MBA with Distinction。日本石油（現ENEOS）勤務を経て、2002年から現職。新規事業・中期経営計画のコンサルティング、経営人材育成の研修などを行う。著書には『ケースで学ぶ経営戦略の実践』（産業能率大学出版部）、『変革するマネジメント』（千倉書房）、『ビジネスリーダーが学んでいる会計＆ファイナンス』（中央経済社）などがある。

リアルな会社の数字が見えてくる、決算書・経営分析

2021年7月15日　　　初版発行

著　者　日　沖　　　健

発行者　和　田　智　明

発行所　株式会社　ぱ る 出 版

〒160-0011　東京都新宿区若葉1-9-16
03(3353)2835―代表　03(3353)2826―FAX
03(3353)3679―編集
振替　東京　00100-3-131586
印刷・製本　中央精版印刷(株)

ISBN978-4-8272-1283-9　C0034